El Proceso Creativo en el Individuo

AMOR DEUS OPT. MAX.

THOMAS TROWARD

Traducción de

Marcela Allen Herrera

Wisdom Collection

Publicado en Estados Unidos
Wisdom Collection LLC.

www.wisdomcollection.com

El Proceso Creativo en el Individuo.

ISBN 978-1-63934-018-7

La siguiente edición es la traducción al español
de la obra original publicada en el año en 1915
por el Gran Científico Mental, Thomas Troward.

Para otros títulos y obras del Nuevo Pensamiento
visita nuestro sitio web:

www.wisdomcollection.com

Contenidos

PREFACIO

EL PUNTO DE PARTIDA 1

LA AUTOCONTEMPLACIÓN DEL ESPÍRITU 10

EL IDEAL DIVINO 23

LA MANIFESTACIÓN DEL PRINCIPIO DE VIDA 32

EL FACTOR PERSONAL 42

EL ESTÁNDAR DE LA PERSONALIDAD 53

EL PENSAMIENTO RACIAL Y EL NUEVO PENSAMIENTO 59

EL DESENLACE DEL PROCESO CREATIVO 64

CONCLUSIÓN 89

LA OFRENDA DIVINA 97

NOSOTROS EN LA OFRENDA DIVINA 105

Yo digo que ninguna persona ha sido nunca
lo suficientemente devota,
Nadie ha adorado o venerado lo suficiente,
Ninguno ha llegado a pensar cuán divino es
y cuán certero es el futuro.

Yo digo que la grandeza real y permanente
de estos estados debe ser su religión,
De lo contrario, no hay grandeza real y permanente.

-Walt Whitman

Prefacio

En el presente volumen me he esforzado por presentar al lector la concepción de una secuencia de acción creativa que comienza con la formación de lo global y culmina en una vista de las infinitas posibilidades alcanzables por todo aquel que siga la línea correcta para su despliegue. He intentado mostrar que, partiendo de ciertos hechos científicos irrefutables, todas estas cosas se deducen lógicamente y que, aunque estas especulaciones pueden llevarnos más allá de nuestra experiencia pasada, en ninguna parte rompen el hilo de una conexión inteligible de causa y efecto.

No presento las sugerencias aquí expuestas bajo ninguna otra luz que la del razonamiento puramente especulativo; no obstante, no se puede hacer ningún avance, en ninguna dirección, si no es mediante un razonamiento especulativo que se remonte a los primeros principios de las cosas que conocemos y, a partir de ahí, deduciendo las condiciones bajo las cuales los mismos principios podrían ser llevados más lejos y hacer que produzcan resultados hasta ahora desconocidos.

A este método de pensamiento le debemos todos los adelantos de la civilización, desde las correspondencias y las oficinas de correos, hasta los automóviles y los aviones, por lo tanto, podemos esperar confiadamente que las especulaciones como la presente no carezcan de valor final. Apoyándonos en la máxima de que el Principio no está limitado por el

Precedente, no debemos limitar nuestras expectativas del futuro; y si nuestras especulaciones nos llevan a la conclusión de que hemos llegado a un punto donde no solo somos capaces sino también requeridos, por la ley de nuestro propio Ser, a tomar una parte más activa que antes en nuestra evolución personal, este descubrimiento nos brindará una nueva perspectiva sobre la vida y ampliará nuestro horizonte con nuevos intereses y alentadoras esperanzas.

Si los pensamientos aquí sugeridos ayudan a cualquier lector a eliminar algunos obstáculos mentales de su camino, el escritor sentirá que no ha escrito en vano. Solo que cada lector debe reflexionar estas sugerencias por sí mismo. Ningún escritor o conferencista puede transferir una idea a la mente de su audiencia. Él solo puede ponerla delante de ellos y lo que hagan con esto depende de ellos mismos - la asimilación es un proceso que nadie puede llevar a cabo por nosotros.

A la amabilidad de mis lectores, en ambos lados del Atlántico, y de Australia y Nueva Zelandia, entrego este pequeño volumen, de hecho, no sin un profundo sentir de sus muchas deficiencias, pero al mismo tiempo animado por la generosa indulgencia concedida a mis libros anteriores.

T.T.
Junio de 1910

CAPÍTULO 1

EL PUNTO DE PARTIDA

Existe un antiguo aforismo que dice que "El Orden es la Primera Ley del Cielo" y, como muchos otros antiguos aforismos, contiene una filosofía mucho más profunda que la que aparece inmediatamente en la superficie. Llevar las cosas a un mejor orden es el gran secreto del progreso; ahora somos capaces de volar por el aire, no porque las leyes de la naturaleza hayan sido alteradas, sino porque hemos aprendido a poner las cosas en el orden correcto para producir este resultado - las cosas en sí mismas habían existido desde el principio del mundo, pero lo que faltaba era la introducción de un Factor Personal que, mediante una percepción inteligente de las posibilidades contenidas en las leyes de la Naturaleza, fuera capaz de hacer realidad ideas que las generaciones anteriores habrían ridiculizado, considerándolas como las absurdas fantasías de una mente desequilibrada. La lección que se puede aprender de la aviación práctica de nuestros días es el triunfo de los principios sobre los precedentes, el desarrollo de una idea hasta sus conclusiones lógicas a pesar del testimonio acumulado de toda la experiencia pasada en sentido contrario; y con un ejemplo tan notable ante nosotros ¿podemos decir que es inútil preguntar si con el mismo método no podemos descubrir secretos aún más importantes y obtener algún conocimiento de las causas invisibles que están detrás de las condiciones externas y visibles, y luego, poniendo estas causas invisibles en un mejor orden, convertir en realidades prácticas esas posibilidades que en la actualidad parecen ser sueños fantásticos? Al menos vale la hacer un recorrido preliminar sobre el camino, y esto es todo lo que este pequeño volumen pretende intentar; sin embargo, esto puede ser suficiente para mostrar el terreno.

Ahora bien, en cualquier investigación lo primero es tener alguna idea de lo que se busca, tener al menos alguna noción de la dirección general en la que hay que ir, de la misma manera que no subirías a un árbol para encontrar peces, pero si lo harías para encontrar los huevos de los pájaros. Pues bien, la dirección general en la que todos queremos ir es la de obtener más de la Vida de lo que jamás hemos obtenido de ella- queremos estar más vivos en nosotros mismos y obtener todo tipo de condiciones mejoradas en nuestro entorno. Por muy felices que puedan ser nuestras circunstancias, todos podemos concebir algo aún mejor o, en cualquier caso, quisiéramos hacer permanente nuestro bien actual; y puesto que a medida que avanzan nuestros estudios veremos que la perspectiva de crecientes posibilidades sigue abriéndose cada vez más ampliamente ante nosotros, podemos decir que lo que buscamos es el secreto de obtener más de la Vida en un grado continuamente progresivo. Esto significa que lo que buscamos es algo personal y que debe obtenerse produciendo condiciones que aún no existen; en otras palabras, es nada menos que el ejercicio de un cierto poder creativo en la esfera de nuestro propio mundo particular. Entonces, lo que queremos es introducir nuestro propio Factor Personal en el reino de las causas invisibles. Esto es una gran cosa, y si esto es posible, debe ser por alguna secuencia de causa y efecto, y nuestro objetivo es descubrir esa secuencia. La ley de Causa y Efecto es una de las cuales nunca podemos escapar, pero si la seguimos cuidadosamente, veremos que nos llevará más lejos de lo que habíamos anticipado.

Ahora bien, lo primero que debemos observar es que si logramos descubrir esa secuencia de causa y efecto que buscamos, otra persona también puede descubrir el mismo secreto creativo y, entonces, para la hipótesis del caso, ambos estaríamos armados con un poder infalible, y si quisiéramos emplear este poder el uno contra el otro, nos encontraríamos en el "callejón sin salida" de un conflicto entre dos poderes cada uno de los cuales es infalible. En consecuencia, se deduce que el primer principio de este poder debe ser la Armonía. No puede antagonizarse a sí mismo desde diferentes centros, en otras palabras, su operación en un orden simultáneo en cada punto es la primera necesidad de su ser. Lo que buscamos, por lo tanto, es una secuencia de causa y efecto tan universal en su naturaleza, que incluya armoniosamente todas las posibles variaciones de la expresión individual. Esta necesidad primaria de la Ley que buscamos debe tenerse en cuenta cuidadosamente, pues es obvio que cualquier secuencia que transgreda este hecho fundamental, debe ser contrario a la naturaleza misma de la Ley y, por consiguiente, no puede conducirnos al ejercicio del verdadero poder creativo.

Lo que buscamos, entonces, es descubrir cómo organizar las cosas en un orden tal que ponga en movimiento una cadena de causalidad que armonice nuestras propias condiciones, sin antagonizar el ejercicio de un poder similar

3

por otros. Esto significa que todo ejercicio individual de este poder es la aplicación particular de un poder universal que por sí mismo opera creativamente, independientemente de estas aplicaciones individuales; y la armonía entre las diversas aplicaciones individuales es producida por todos los individuos que llevan su propia acción particular en línea con esta acción creativa independiente del poder original. De hecho, es otra aplicación del axioma de Euclides de que las cosas que son iguales a la misma cosa, son iguales entre sí; de modo que, aunque yo no sepa con qué propósito alguien puede estar utilizando este poder creativo en Pekín, sé que, si él y yo comprendemos su verdadera naturaleza, no podemos trabajar en oposición el uno al otro. Por estas razones, teniendo ahora una idea general de lo que estamos buscando, podemos comenzar nuestra investigación considerando este factor común que debe estar detrás de todo ejercicio individual del poder creativo, es decir, el funcionamiento genérico del Principio Creativo Universal.

Nos damos cuenta inmediatamente que este Principio Creativo Universal está en funcionamiento, por la existencia del mundo que nos rodea con todos sus habitantes, y la interrelación de todas las partes del sistema cósmico muestran su Unidad subyacente; así, el reino animal depende del vegetal, el reino vegetal del mineral, el mineral o el globo terráqueo en su relación con el resto del sistema solar, y posiblemente nuestro sistema solar está relacionado por una ley similar con la distribución de otros soles con sus respectivos planetas en el espacio. Nuestra primera mirada, por tanto, nos muestra que el Poder Todo-Originario debe ser en esencia Unidad y en la manifestación Multiplicidad, y que se manifiesta como Vida y Belleza a través de la infalible adaptación de los medios a los fines, eso es, hasta donde llega su manifestación cósmica de los fines. Lo que queremos hacer es llevar esta manifestación aún más lejos operando desde un punto de vista individual. Hacer esto es precisamente nuestro lugar en el Orden de la Creación, pero debemos dejar para más tarde la pregunta de, por qué tenemos este lugar.

Uno de los primeros descubrimientos que todos hacemos es la existencia de la Materia - las rodillas amoratadas en nuestra infancia nos convencen de su solidez. Así que ahora viene la pregunta: ¿Por qué existe la Materia? La respuesta es que, si la forma no estuviera expresada en sustancia sólida, las cosas estarían perpetuamente fluyendo unas en otras, de modo que no podría mantenerse ninguna identidad ni un solo momento. A esto puede responderse que es concebible una condición de la materia en la cual - aunque en sí misma sea una sustancia plástica en un estado fluido – por la operación de la voluntad puede ser sostenida en cualquier forma particular deseada. La idea de tal condición de la materia, sin duda, es concebible y cuando la materia fluida fuera así mantenida en formas particulares, se tendría la materia concreta tal como la conocemos ahora, solo con la diferencia que volvería a su estado fluido tan pronto como fuera retirada la voluntad que la sostiene. Ahora bien, como veremos más adelante, esto es precisamente lo que realmente es la materia – pero la voluntad que la mantiene unida en forma concreta no es la voluntad individual sino cósmica.

En sí misma, la esencia de la Materia es precisamente la sustancia fluida que hemos imaginado y como veremos más adelante, el conocimiento de este hecho, cuando se comprende en su orden correcto, es la base del legítimo control de la mente sobre la materia. Sin embargo, es totalmente inconcebible un mundo en el cual cada individuo tuviera el poder de materializar o hacer fluir la materia a su propia voluntad, independientemente de cualquier principio de coordinación universal, ya que el conflicto de estas voluntades no permitiría que un mundo permaneciera en existencia. Por otro lado, si concebimos un número de individuos que poseen este poder y que todos lo emplean en la línea de una unidad cósmica común, entonces el resultado sería precisamente la misma condición estable de la materia con la que estamos familiarizados - esto sería una necesidad de hecho para las masas que no poseen este poder y una necesidad de principio para los pocos que lo poseen. Entonces, bajo estas circunstancias, las mismas condiciones estables de la Naturaleza prevalecerían como en la actualidad, variando solamente cuando los iniciados percibieran que el orden de la evolución sería promovido, y no obstaculizado, al poner en acción las leyes superiores. Tales ocasiones serían de rara ocurrencia y entonces la desviación de la ley común sería considerada por la multitud como un milagro. También podemos estar bastante seguros de que nadie que haya obtenido este conocimiento en el legítimo orden, alguna vez realizaría un "milagro" para su propio engrandecimiento personal o con el único propósito de asombrar a los observadores, ya que hacerlo sería contrario al primer principio de la enseñanza superior que es la de profunda reverencia por la Unidad del Principio Todo-Originario. Entonces, la concepción de tal poder sobre la materia, poseído por ciertos individuos, no es de ninguna manera opuesto a nuestro reconocimiento común de la materia concreta y, por lo tanto, en este momento no necesitamos preocuparnos en considerar estas excepciones.

Otra teoría es que la materia no tiene existencia en absoluto, sino que es simplemente una ilusión proyectada por nuestras propias mentes. Si es así, entonces ¿cómo es que todos proyectamos imágenes idénticas? Bajo el supuesto de que cada mente proyecta independientemente su propia concepción de la materia, una mujer podría ser vista por su modista como una vaca. Generaciones de personas han visto la Gran Pirámide en el mismo lugar; pero en el supuesto de que cada individuo está proyectando su propio mundo material en total independencia de todos los demás individuos, no habría ninguna razón para que dos personas vieran lo mismo en el mismo lugar. Sobre la suposición de tal acción independiente por cada mente separada y sin ningún factor común que los vincule a todos en un modo particular de reconocimiento, no sería posible la relación entre individuos; entonces, sin la conciencia de relación con otros individuos, se perdería la conciencia de nuestra propia individualidad y, entonces, absolutamente deberíamos dejar de tener cualquier existencia consciente. Por otro lado, si admitimos que, por encima de las mentes individuales, existe una gran Mente Cósmica que les impone la necesidad de que todos vean la misma imagen de la Materia, entonces esa imagen no es una proyección de las mentes individuales sino de la Mente Cósmica; y dado que las mentes individuales son en sí mismas proyecciones similares de la Mente Cósmica, para ellos la materia es una realidad tanto como lo es su propia existencia. No dudo que la sustancia material es así proyectada por la Mente Divina que lo abarca-todo; pero también nuestras mentes son proyectadas por ella y, por lo tanto, la relación entre ellas y la materia es una relación real y no simplemente una ficticia.

Particularmente deseo que el alumno esté claro en este punto, que cuando se proyectan dos factores desde una fuente común, su relación entre ellos se convierte en un hecho absoluto con respecto a los factores mismos, a pesar de que el poder de cambiar esa relación al sustituir una proyección diferente, necesariamente siempre debe seguir residiendo en la fuente originaria. Para tomar un ejemplo aritmético simple: por mi poder de proyección mental trabajando a través de mis ojos y mis dedos yo escribo 4 x 2. Aquí he establecido una cierta relación numérica que solo puede producir ocho como resultado. Nuevamente, tengo poder para cambiar los factores y escribir 4 x 3, en cuyo caso 12 es el único resultado posible y así sucesivamente. Trabajando de esta manera, el cálculo se hace posible. Pero si cada vez que escribo 4 ese número posee un poder independiente de establecer un número diferente por el cual multiplicarse a sí mismo, ¿cuál sería el resultado? El primer 4 que escribí podría establecer 3 como su multiplicador, y el siguiente podría establecer 7, y así sucesivamente. O si quiero hacer una caja de cierto tamaño y corto las correspondientes longitudes del tablón, pero si cada longitud pudiera cambiar caprichosamente su ancho en cualquier momento, ¿cómo podría yo hacer la caja? Yo mismo puedo cambiar la forma y el tamaño de mi caja al establecer nuevas relaciones entre los pedazos de madera, pero para las piezas de madera en sí las proporciones determinadas por mi mente deben permanecer en cantidades fijas, de lo contrario, no podría haber ninguna construcción.

Esta es una analogía muy burda, pero puede ser suficiente para mostrar que para que exista un cosmos es absolutamente necesario que haya una Mente Cósmica que vincule todas las mentes individuales a ciertas unidades genéricas de acción y así produzca todas las cosas como realidades y nada como ilusión. La importancia de esta conclusión se hará más evidente a medida que avancemos en nuestros estudios.

Ahora hemos establecido una razón por la cual la forma material concreta es una necesidad del Proceso Creativo.

Sin ella, sería imposible el perfecto autorreconocimiento del Espíritu desde el punto de vista individual, que en lo sucesivo veremos que es el medio por el cual ha de llevarse a cabo el Proceso Creativo y, por lo tanto, lejos de que la materia sea una ilusión, es el canal necesario para la autodiferenciación del Espíritu y su Expresión en multitudinaria vida y belleza. Por tanto, la materia es el Polo opuesto necesario del Espíritu, y cuando lo reconocemos así en su orden correcto, encontraremos que no hay antagonismo entre los dos, sino que juntos constituyen un todo armonioso.

CAPÍTULO 2

LA AUTOCONTEMPLACIÓN DEL ESPÍRITU

Si nos preguntamos cómo llegó a existir el cosmos, encontraremos que, en última instancia, solo podemos atribuirlo a la autocontemplación del Espíritu. Comencemos con los hechos conocidos ahora por la ciencia física moderna. Todas las cosas materiales, incluidos nuestros propios cuerpos, se componen de combinaciones de diferentes elementos químicos tales como carbono, oxígeno, nitrógeno, etc. La química reconoce en total alrededor de setenta de estos elementos, cada uno con sus afinidades peculiares; pero la ciencia física más avanzada de la actualidad, encuentra que todos están compuestos de una misma sustancia última, a la que se le ha dado el nombre de Éter, y que la diferencia entre un átomo de hierro y un átomo de oxígeno resulta únicamente de la diferencia en el número de partículas etéricas de las que se compone cada una y la velocidad de su movimiento dentro de la esfera del átomo, volviendo así curiosamente al dicho de Pitágoras de que el universo tiene su origen en el Número y el

Movimiento. Por lo tanto, podemos decir que todo nuestro sistema solar, junto con todo el tipo de sustancia material que contiene, está compuesto nada más que de esta sustancia primaria en varios grados de condensación.

El siguiente paso es reconocer que este éter está en todas partes. Esto lo demuestra la teoría ondulatoria de la luz. La luz no es una sustancia, sino que es el efecto producido en el ojo por el impacto de las ondas del éter en la retina. Estas ondas son excesivamente diminutas, con una longitud que va desde I/39.000 milésimas de pulgada en el extremo rojo del espectro hasta I/57.000 milésimas en el extremo violeta. Luego recuerda que estas ondas no están compuestas por partículas que avanzan del medio, sino que pasan hacia adelante por el empuje que cada partícula en la línea de movimiento le da a la partícula próxima a ella, entonces, verás que si hubiera una interrupción de una milésima parte de una pulgada en el éter de conexión entre nuestro ojo y cualquier fuente de luz, nosotros no podríamos recibir luz de esa fuente, ya que no habría nada que continuara el movimiento de la onda a través de la brecha.

En consecuencia, tan pronto como vemos luz de cualquier fuente, aunque sea lejana, sabemos que debe haber un cuerpo continuo de éter entre ella y nosotros. Ahora la astronomía nos muestra que recibimos luz de cuerpos celestes tan distantes que, aunque viaja a una velocidad increíble de 186.000 millas por segundo, tarda más de dos mil años en llegar a nosotros desde algunos de ellos; y como tales estrellas están en todos los rincones del cielo, solo podemos llegar a la conclusión de que la sustancia primaria, o éter, debe estar universalmente presente.

Esto significa que la materia prima para la formación de sistemas solares se distribuye universalmente a través del espacio; sin embargo, aunque encontramos millones de soles en los cielos, también encontramos vastos espacios interestelares que no muestran signos de actividad cósmica. Entonces, algo ha estado trabajando para iniciar la actividad cósmica en ciertas áreas, y pasando por alto otras en las que la materia prima está igualmente disponible. ¿Qué es este algo? Al principio podríamos estar inclinados a atribuir el desarrollo de la energía cósmica a las propias partículas etéricas, pero una pequeña reflexión nos mostrará que esto es matemáticamente imposible en un medio que está igualmente distribuido a través del espacio, ya que todas sus partículas están en equilibrio y, por lo tanto, ninguna partícula posee en sí un mayor poder de originar movimiento que otra. En consecuencia, el movimiento inicial debe iniciarse por algo que, aunque actúa sobre las partículas de la sustancia primaria y a través de ellas, no son las partículas mismas. Es este "algo" al que nos referimos cuando hablamos de "Espíritu".

Entonces, dado que el Espíritu comienza la condensación de la sustancia primaria en una agrupación concreta, y también lo hace en ciertas áreas excluyendo otras, no podemos evitar atribuir al Espíritu el poder de selección y de tomar una Iniciativa por su propia cuenta.

De modo que aquí encontramos la polaridad inicial del Espíritu Universal y la Sustancia Universal, cada una de las cuales es complementaria de la otra, y de esta relación procede toda evolución posterior. Ser complementario significa que cada uno suministra lo que le falta al otro, y que los dos juntos forman una totalidad completa. Ahora, este es el caso aquí. El espíritu suministra la selección y el movimiento. La sustancia suministra algo de lo que se puede hacer una selección y a lo que se puede impartir el movimiento; lo que es un requisito imprescindible para la Expresión del Espíritu.

Luego viene la pregunta, ¿cómo llegó allí la Sustancia Universal? No puede haberse hecho a sí misma, ya que su única cualidad es la inercia, por lo tanto, debe provenir de alguna fuente que tenga poder para proyectarla mediante algún modo de acción que no sea de naturaleza material. Ahora, el único modo de acción que no es de naturaleza material es el Pensamiento y, por lo tanto, debemos buscar en el Pensamiento el origen de la Sustancia. Esto nos coloca en un punto anterior a la existencia incluso de la sustancia primaria y, en consecuencia, la acción inicial debe ser la de la Mente Originaria sobre sí misma, en otras palabras, la autocontemplación.

En esta etapa primordial no pueden ser reconocidos ni el Tiempo ni el Espacio, ya que ambos implican la medición de intervalos sucesivos, y en el movimiento primario de la Mente sobre sí misma, la única conciencia debe ser la del Ser Absoluto Presente, porque no existen puntos externos desde los cuales medir la extensión ni en el tiempo ni en el espacio. Por lo tanto, debemos eliminar las ideas de tiempo y espacio de nuestra concepción de la autocontemplación inicial del Espíritu.

Siendo así, la contemplación primaria de sí mismo del Espíritu, como simplemente Ser, necesariamente hace su presencia universal y eterna y, consecuentemente, por paradójico que parezca, su independencia del tiempo y el espacio lo hace presente a través de todo el tiempo y el espacio. Es la antigua máxima esotérica que el punto se expande a la infinitud y que la infinitud se concentra en el punto. Comenzamos, entonces, con el Espíritu contemplándose a sí mismo simplemente como Ser. Sin embargo, para reconocer tu ser, debes tener conciencia y la conciencia solo puede venir por el reconocimiento de tu relación con algo más. Ese algo más

13

puede ser un hecho externo o una imagen mental; pero incluso en este último caso, para poder concebir la imagen debes mentalmente apartarte de ella y mirarla. Es así: si no eres consciente de algo, no eres consciente de nada, y si no eres consciente de nada, entonces eres inconsciente, de modo que, para poder ser consciente, debes tener algo de lo que ser consciente.

Esto puede parecer un extracto de la "Filosofía de Paddy", pero deja en claro que la conciencia solo puede ser alcanzada por el reconocimiento de algo que no es el propio ego reconocedor, en otras palabras, la conciencia es el reconocimiento de algún tipo de relación particular entre el sujeto que conoce y el objeto conocido; pero quiero alejarme de los términos académicos al lenguaje de los seres humanos, así que tomemos la ilustración de una escoba y su mango, los dos juntos hacen una escoba; ese es un tipo de relación; pero toma el mismo palo y coloca un rastrillo al final y tendrás un implemento completamente diferente. El palo sigue siendo el mismo, pero la diferencia de lo que se pone en su extremo hace que el conjunto sea una escoba o un rastrillo. Ahora bien, el poder de pensar y sentir son el palo, y la concepción que forma es la cosa que está en el extremo del palo, de modo que la calidad de su conciencia estará determinada por las ideas que proyecta; pero para poder ser consciente debe proyectar ideas de algún tipo.

Ahora bien, de una cosa podemos estar seguros, que el Espíritu de Vida debe sentirse vivo. Entonces, para sentirse vivo debe ser consciente, y para ser consciente debe tener algo de lo cual ser consciente; por lo tanto, la contemplación de sí mismo como relacionado con algo que no es su propio ser originario en persona propia, es una necesidad del caso; y, por consiguiente, la autocontemplación del Espíritu solo puede proceder al verse a sí mismo como relacionado con algo que sobresale de sí mismo, del mismo modo que debemos estar a una distancia adecuada para ver un cuadro, de hecho, la propia palabra "existencia" significa "sobresalir". "Así, las cosas son llamadas a la existencia o a "sobresalir" por un poder que no sobresale y cuya presencia, por lo tanto, está indicada por la palabra "subsistencia".

Lo siguiente es que, puesto que en el principio no hay nada más que el Espíritu, su principal sentimiento de vivacidad debe ser el de estar Vivo por todas partes; y para establecer tal conciencia de su propia vivacidad universal, debe existir el reconocimiento de una relación correspondiente igualmente extensa en carácter; y la única correspondencia posible para cumplir con esta condición es la de un medio universalmente distribuido y plástico, cuyas partículas están todas en perfecto equilibrio, que es exactamente la descripción de la sustancia primaria o éter. Por lo tanto, filosóficamente llegamos a la conclusión de que la sustancia universal debe ser proyectada por el Espíritu universal como una consecuencia necesaria del inherente sentimiento de vida del propio Espíritu; y de esta manera encontramos que se establece la gran Polaridad Primaria del Ser.

A partir de aquí, encontraremos el principio de la Polaridad en la actividad universal. Es esa relación entre opuestos sin la cual no sería posible un Movimiento externo, porque no habría ningún lugar desde donde moverse, ni ningún lugar al cual moverse; y sin la cual la forma externa sería imposible porque no habría nada que limitara la difusión de la sustancia y le diera forma. Por lo tanto, la Polaridad, o la interacción de lo Activo y lo Pasivo, es la base de toda la Evolución. Esta es una gran verdad fundamental cuando la entendemos en su orden correcto; pero a lo largo de los siglos, ha sido una prolífica fuente de errores al ponerla en su orden equivocado. Y el orden equivocado consiste en hacer de la Polaridad el punto originario del proceso creativo. Más adelante veremos a qué conduce esta concepción errónea; pero como está ampliamente aceptada bajo diversas formas, incluso en la actualidad, es bueno estar en guardia contra esto. Por lo tanto, deseo que el estudiante vea claramente que hay algo que viene antes de esa Polaridad que da lugar a la Evolución, y que este algo es el movimiento original del Espíritu dentro de sí mismo, del cual podemos obtener una mejor idea llamándolo Autocontemplación.

Esto puede parecer una concepción extremadamente abstracta y que no nos afecta en la vida práctica. Me parece oír al lector diciendo: "Solo el Señor sabe cómo comenzó el mundo, y es asunto suyo y no mío", lo que sería perfectamente cierto si esta facultad originaria se limitara a la Mente Cósmica. Pero no es así, y la misma acción tiene lugar también en nuestras propias mentes, con la diferencia de que, en última instancia, está sujeta a ese principio de Unidad Cósmica del que ya he hablado. Pero, sujeta a ese principio unificador, este mismo poder de originación también está en nosotros y nuestro avance personal en la evolución depende de nuestro correcto uso de él; y nuestro uso depende de que reconozcamos que nosotros mismos damos lugar a las polaridades particulares que se expresan en todo nuestro mundo de conciencia, ya sea interno o externo. Por estas razones, es muy importante comprender que la Evolución no es lo mismo que la Creación. Es el despliegue de las potencialidades involucradas en las cosas ya creadas, pero no el llamado a la existencia de lo que aún no existe - eso es la Creación.

Por lo tanto, el orden que deseo que el estudiante observe es, primero, la autocontemplación del Espíritu produciendo la

Polaridad, y luego, la Polaridad produciendo la Manifestación en la Forma y, además, que comprenda que es en este orden que opera su propia mente como un centro subordinado de la energía creativa. Cuando se reconozca así el verdadero lugar de la Polaridad, encontraremos en ello la explicación de todas aquellas relaciones de las cosas que dan origen a todo el mundo de los fenómenos; de lo cual podemos extraer la deducción práctica de que si queremos cambiar la manifestación debemos cambiar la polaridad, y para cambiar la polaridad debemos regresar a la autocontemplación del Espíritu. Pero en su lugar apropiado, como el principio-raíz de toda causación secundaria, la Polaridad es uno de esos hechos fundamentales que nunca debemos perder de vista. El término "Polaridad" se ha tomado de la ciencia eléctrica. En la batería eléctrica, la conexión de los polos opuestos de zinc y cobre es lo que hace que la corriente fluya de uno a otro y proporcione la energía que hace sonar la campana. Si se rompe la conexión, no hay acción. Cuando presionas el botón tú haces la conexión. El mismo proceso se repite con respecto a todo tipo de polaridad a través del universo. La circulación depende de la polaridad, y la circulación es la manifestación de la Vida, de la que podemos decir que depende del principio de Polaridad. En relación con nosotros mismos, nos ocupamos de dos grandes polaridades: la polaridad del Alma y del Cuerpo, y la polaridad del Alma y el Espíritu; y para poder comprender más claramente su operación, es que quiero que el estudiante tenga una idea preliminar de la polaridad como un principio general.

La concepción del Orden Creativo puede generalizarse como sigue. El Espíritu quiere disfrutar de la realidad de su propia Vida, no simplemente vegetar, sino disfrutar Vivir, por lo tanto, mediante la autocontemplación proyecta un polo opuesto, o complementario, calculado para dar origen al tipo particular de relación del que necesariamente surgirá el disfrute de un determinado modo de autoconciencia. Reflexiona cuidadosamente sobre este enunciado hasta que se haya comprendido toda la magnitud de su significado, ya que es la clave de todo el asunto. Muy bien, entonces: El Espíritu quiere Gozar la Vida y, pensando en sí mismo como teniendo el goce que desea, produce las condiciones que, por su reacción sobre sí mismo, dan lugar a la realidad del tipo de gozo contemplado. En un lenguaje más científico, se induce una polaridad opuesta dando lugar a una corriente que estimula un modo particular de sensación, que a su vez se convierte en un nuevo punto de partida para una acción aún mayor; y de esta manera, cada etapa sucesiva se convierte en el peldaño para un grado aún más alto de sensación, es decir, a un disfrute más pleno de la vida.

Esta concepción nos presenta una serie progresiva a la cual es imposible asignar ningún límite. Que la progresión debe ser ilimitada se desprende del hecho de que nunca hay ningún cambio en el método. En cada etapa sucesiva, el Poder Creativo es la Autoconciencia del Espíritu, tal como se reconoce en esa etapa, que sigue avanzando para disfrutar aun más de la Vida, y así continúa repitiendo el único Proceso Creativo a un nivel cada vez mayor; y dado que éstas son las únicas condiciones de operación, el progreso es uno que lógicamente no admite ninguna finalidad. Y aquí es donde entra en juego la importancia de reconocer que el Poder de Origen es Uno, ya que con una Dualidad cada miembro limitaría al otro; de hecho, es inconcebible la dualidad como el Poder Originario, ya que, citando una vez más la "Filosofía de Paddy", "se alcanzaría la finalidad antes de que se iniciara algo".

Por lo tanto, este Proceso Creativo solo puede ser concebido como ilimitado y, al mismo tiempo, estrictamente progresivo, es decir, que procede etapa por etapa, siendo cada etapa necesaria como preparación para la siguiente. Hagamos entonces un breve esbozo de las etapas por las cuales las cosas de nuestro mundo han llegado tan lejos como lo han hecho. El interés de la investigación radica en el hecho de que, si podemos llegar al principio que produce estos resultados, podemos descubrir alguna manera de darle una aplicación personal.

Sobre la hipótesis de que la autocontemplación del Espíritu es el poder originador, hemos encontrado que un éter primario, o sustancia universal, es la correspondencia necesaria a la simple conciencia del Espíritu de su propio ser. Pero, aunque la conciencia de Ser es el fundamento necesario para cualquier otra posibilidad, por así decirlo, no hay mucho de qué hablar. El hecho fundamental, por supuesto, es saber que Yo Soy; pero inmediatamente a esta conciencia le sigue el deseo de Actividad – Yo quiero disfrutar de mi Yo Soy haciendo algo con ello. Traduciendo estas palabras a un estado de conciencia en la Mente Cósmica, se convierten en una Ley de Tendencia que conduce a la actividad localizada y, mirando solo nuestro propio mundo, esto significaría la condensación de la sustancia etérica universal en la nebulosa primaria que más tarde se convierte en nuestro sistema solar, siendo ésta la correspondencia con la autocontemplación del Espíritu que pasa a una actividad específica en lugar de permanecer absorto en la simple conciencia de Ser. Entonces, este autorreconocimiento conduciría a la concepción de una actividad aún más específica que tiene su polo opuesto apropiado, o correspondencia material, en la condensación de la nebulosa en un sistema solar.

Ahora bien, en esta etapa, la concepción que el Espíritu tiene de sí mismo es la de la Actividad y, consecuentemente, la correspondencia material es el Movimiento, a diferencia del simple éter difuso que es la correspondencia de la simple conciencia de Ser. Pero ¿qué tipo de movimiento? ¿El movimiento material que se ha desarrollado en esta etapa, está destinado a tomar alguna forma particular? Una pequeña consideración nos mostrará que sí. En esta etapa inicial, el primer despertar, por así decirlo, del Espíritu en la actividad, su conciencia solo puede ser la de actividad absoluta; es decir, no como relacionado con ningún otro modo de actividad porque hasta ahora no hay ninguno, sino solo en relación con el Ser que lo abarca-todo; de modo que la única concepción posible de la actividad en esta etapa es la de la actividad autosostenida, que no depende de ningún modo de actividad anterior porque no hay ninguno. Por lo tanto, la ley de Reciprocidad exige un movimiento autosostenido similar en la correspondencia material, y las consideraciones matemáticas muestran que el único tipo de movimiento que puede sostener un cuerpo autosostenido moviéndose en el vacío, es un movimiento rotatorio, llevando al cuerpo mismo a una forma esférica. Esto es exactamente lo que encontramos en los dos extremos del mundo material. En el extremo grande, las esferas de los planetas rotando sobre sus ejes y girando alrededor del sol; y en el extremo pequeño, las esferas de los átomos que consisten en partículas que, según la ciencia moderna, giran de manera similar alrededor de un centro común a distancias que son astronómicas en comparación con su propia masa. De este modo, las dos unidades últimas de la manifestación física, el átomo y el planeta, siguen la misma ley de movimiento autosostenido que hemos encontrado, deductivamente, deben expresar la actividad primaria del Espíritu. Y también podemos notar que este movimiento rotatorio, o absoluto, es la combinación de los dos únicos modos de movimiento relativo posibles, a saber, el movimiento desde un punto y el movimiento hacia él, es decir, el movimiento centrífugo y el centrípeto; de modo que, en el movimiento rotatorio, o absoluto, encontramos que ambas polaridades del movimiento están incluidas, repitiendo así, en el lado puramente mecánico, el principio primordial de la Unidad que incluye la Dualidad en sí misma.

Pero el Espíritu quiere algo más que el movimiento mecánico, algo más vivo que la Rota preliminar, y así, el primer paso hacia la conciencia individualizada nos encuentra en la vida vegetal. Luego, bajo el principio de que cada etapa sucesiva proporciona la plataforma para una perspectiva más amplia, la vida vegetal es seguida por la vida animal y ésta por el orden Humano, en el que la libertad de seleccionar sus propias condiciones se amplía inmensamente. De esta manera, la expresión de sí mismo del Espíritu, ahora ha llegado al punto donde su polar complementario o Recíproco, se manifiesta como el Ser Intelectual - constituyendo así la Cuarta gran etapa del Autorreconocimiento del Espíritu. Pero el Proceso Creativo no puede detenerse aquí, ya que, como hemos visto, su raíz en la autocontemplación del Espíritu lo convierte necesariamente en una Progresión Infinita. Por lo tanto, es inútil preguntar cuál es su fin, porque no tiene fin - su palabra es "Excelsior" - siempre Vida y "Vida más abundante". Por lo tanto, la pregunta no es sobre la finalidad, porque no la hay, sino sobre el siguiente paso en la progresión. Conocemos cuatro reinos, ¿cuál será el Quinto? A lo largo de toda la línea, el progreso ha sido en una dirección, es decir, hacia el desarrollo de una individualidad más perfecta y, por lo tanto, según el principio de continuidad, podemos inferir razonablemente que la

próxima etapa nos llevará aún más allá en la misma dirección.
Queremos algo más perfecto de lo que hemos alcanzado hasta
ahora, pero nuestras ideas en cuanto a lo que debería ser son
muy variadas, por no decir discordantes; ya que la idea de una
persona sobre lo mejor, es la idea de lo peor para otra persona.
Por lo tanto, lo que queremos lograr es una amplia
generalización de principios que esté más adelante de nuestras
experiencias pasadas. Esto significa que debemos buscar este
principio en algo que aún no hemos experimentado, y el único
lugar donde posiblemente podemos encontrar principios que
aún no se han manifestado es en el regazo de Dios, es decir, en
lo más profundo del Espíritu Originario, o como lo llama San
Juan, "en el seno del Padre". Así que, lógicamente, somos
llevados a la participación personal en el Ideal Divino como el
único principio por el cual puede ser hecho el avance hacia la
siguiente etapa. Por lo tanto, llegamos a la pregunta, ¿Cómo es
el Ideal Divino?

CAPÍTULO 3

EL IDEAL DIVINO

¿Cuál es el Ideal Divino? Al principio puede parecer imposible intentar responder tal pregunta, pero al adherirnos a un principio definido encontraremos que se desplegará, nos guiará y nos mostrará cosas que, de otro modo, no podríamos haber visto; esta es la naturaleza del principio y es lo que lo distingue de las simples reglas que no son más que la aplicación del principio bajo un conjunto particular de condiciones. Encontramos dos principios esenciales en nuestra concepción del Espíritu Originario, a saber, su poder de Selección y su poder de Iniciativa; y encontramos un tercer principio como su único motivo posible, esto es, el deseo de Vivir para disfrutar cada vez más de la vida. Ahora, con estos tres principios como la esencia misma del Espíritu Todo-originario para guiarnos, creo que seremos capaces de formar una concepción de ese Ideal Divino que da lugar a la Quinta Etapa de Manifestación del Espíritu, en la que ahora debemos prepararnos para entrar.

Hemos visto que el disfrute de la Vida por parte del Espíritu es necesariamente recíproco, debe tener un hecho correspondiente en la manifestación que responda a él; de otro modo, por la ley inherente de la mente, no podría surgir ninguna conciencia y, por consiguiente, ningún disfrute; por lo tanto, por la ley de la progresión continua, el recíproco requerido debe manifestarse como un ser que despierta a la conciencia del principio por el cual él mismo vino a la existencia.

Tal despertar no puede proceder de la comparación de un conjunto de condiciones existentes con otro, sino solo del reconocimiento de un Poder que es independiente de todas las condiciones, es decir, la absoluta autodependencia del Espíritu. Un ser así despierto, sería la apropiada correspondencia del Disfrute de la Vida por parte del Espíritu en una etapa, no solo por encima del movimiento mecánico o la vitalidad física, sino incluso por encima de la percepción intelectual de los fenómenos existentes, es decir, en la etapa en que el Disfrute del Espíritu consiste en reconocerse a sí mismo como la Fuente de todas las cosas. La posición en el Absoluto sería, por así decirlo, el despertar del Espíritu al reconocimiento de su propia Habilidad Artística. Utilizo la palabra "artística" como la expresión más cercana que se me ocurre, ya que el trabajo del artista se acerca más a la creación ex nihilo que a cualquier otra forma de actividad humana. La obra del artista es la expresión del ser que el artista es, mientras que la del científico es la comparación de hechos que existen independientemente de su propia personalidad. Es cierto que el reino del arte no está exento de métodos de análisis, pero el análisis es el del propio sentimiento del artista y de las causas que lo originan. Observamos que estos contienen en sí mismos ciertos principios que son fundamentales para todo el Arte, pero estos principios son las leyes de la acción creativa de la mente y no de las limitaciones de la materia. Ahora, si podemos transferir esta familiar analogía a nuestra concepción del funcionamiento de la Mente Todo-originaria, podemos imaginarla como el Gran Artista dando expresión visible a su sentimiento mediante un proceso que, aunque no está sujeto a ninguna restricción de las condiciones precedentes, sin embargo, opera mediante una ley que es inseparable del Sentimiento mismo; de hecho, la Ley es el Sentimiento, y el Sentimiento es la Ley, la Ley de la Creatividad Perfecta.

Una autocontemplación como ésta es la única forma en que podemos concebir que se produzca la siguiente etapa o Quinta etapa del Autorreconocimiento del Espíritu. Habiendo llegado tan lejos como lo ha hecho en las cuatro etapas previas, es decir, a la producción del individuo intelectual como su correspondencia, el siguiente paso en el avance debe estar en las líneas que he indicado, a menos que, de hecho, haya existido una ruptura repentina y arbitraria de la Ley de Continuidad, una suposición que todo el Proceso Creativo hasta ahora, nos prohíbe albergar. Por lo tanto, podemos imaginar la Quinta etapa de la autocontemplación del Espíritu como su despertar al reconocimiento de su propia Habilidad Artística, su propia libertad absoluta de acción y poder creativo, al igual que en el lenguaje del taller decimos que un artista "Libera su paleta ". Sin embargo, por la siempre presente Ley de Reciprocidad, solamente a través de la cual se puede alcanzar la autoconciencia, este autorreconocimiento del Espíritu en lo Absoluto implica un correspondiente hecho objetivo en el mundo de lo Relativo; es decir, la aparición en manifestación de un ser capaz de realizar el Libre Arte Creativo del Espíritu y de reconocer el mismo principio en sí mismo, comprendiendo, al mismo tiempo, la relación entre el

Principio Manifestante Universal y su Manifestación Individual. Me parece que tal debe ser la concepción del Ideal Divino encarnado en la Quinta Etapa del progreso de manifestación. Pero me gustaría llamar la atención a las palabras finales del último párrafo, ya que, si omitimos la relación entre el Principio Universal Manifestante y su Manifestación Individual, fallamos en reconocer el Principio en su totalidad, ya sea en lo universal o en lo Individual - es solo su interacción lo que hace que cada uno se convierta en lo que se convierte – y en este devenir posterior consiste la progresión. Esta relación procede del principio que señalé en el capítulo inicial, que hace necesario que el Espíritu Universal esté siempre en armonía consigo mismo; y si esta Unidad no es reconocida por el individuo, él no puede mantener esa posición de Reciprocidad con el Espíritu Originario lo que le permitirá reconocerse a sí mismo como en el Disfrute de la vida en el nivel superior que ahora estamos contemplando; más bien el sentimiento transmitido sería el de algo antagónico, produciendo lo contrario del disfrute, poniendo así, filosóficamente de manifiesto el sentido del mandato de las Escrituras: "No agravien al Espíritu". Además, la reacción sobre el individuo debe necesariamente dar lugar a un correspondiente estado de inarmonía, aunque no sea capaz de definir su sentimiento de inquietud o de explicarlo. Por otro lado, si se considera debidamente la gran armonía del Espíritu Originario dentro de sí mismo, entonces la mente individual proporciona un nuevo centro desde el cual el Espíritu se contempla a sí mismo en lo que me he aventurado a llamar su Originalidad artística - un potencial ilimitado de creatividad, aunque siempre regulado por su propia Ley inherente de Unidad.

Y esta Ley de la Unidad Original del Espíritu es una muy simple. Es la concepción necesaria y básica que el Espíritu tiene de sí mismo. Una mentira es una afirmación de que algo es, lo cual no es. Entonces, dado que la declaración o concepción que hace el Espíritu sobre cualquier cosa, necesariamente hace que esa cosa exista, es lógicamente imposible que conciba una mentira. Por lo tanto, el Espíritu es la Verdad. Del mismo modo, la enfermedad y la muerte son lo negativo de la Vida y, por lo tanto, el Espíritu, como Principio de Vida, no puede encarnar la enfermedad o la muerte en su autocontemplación. Asimismo, puesto que es libre de producir lo que quiera, el Espíritu no puede desear la presencia de formas repugnantes, por lo que una de sus Leyes inherentes debe ser la Belleza. En esta triple Ley de Verdad, Vida y Belleza, encontramos toda la naturaleza subyacente del Espíritu, y ninguna acción por parte del individuo puede estar en desacuerdo con la Unidad Originaria, la cual no contradice estos principios fundamentales.

Se verá que esto deja al individuo absolutamente libre de restricciones, excepto en la dirección de romper la armonía fundamental de la que él mismo depende, como incluido en la creación general. Esto ciertamente no puede llamarse limitación, y todos somos libres de seguir las líneas de nuestra propia individualidad en cualquier otra dirección; de modo que, aunque el reconocimiento de nuestra relación con el Espíritu Originario nos protege de lastimarnos a nosotros mismos o a los demás, no restringe de ninguna manera nuestra libertad de acción ni reduce nuestro campo de desarrollo. Entonces ¿estoy tratando de basar mi acción en un deseo fundamental de apertura de la Verdad, el aumento de la Vida y la creación de la Belleza? ¿Tengo esto como una Ley de Tendencia siempre presente en el fondo de mi pensamiento? Si es así, entonces esta ley ocupará precisamente el mismo lugar en Mi Microcosmos, o mundo personal, como lo hace en el Macrocosmos, o gran mundo, como un poder que es en sí mismo sin forma, pero que, por razón de su presencia, necesariamente impresiona su carácter sobre todo lo que la energía creativa forma. Sobre esta base, se puede confiar de manera segura en que la energía creativa de la Mente Universal trabaje a través de la influencia especializadora de nuestro propio pensamiento y podemos adoptar la máxima "confía en tus deseos" porque sabemos que son el movimiento de lo Universal en nosotros mismos, y que estando basados en nuestro reconocimiento fundamental de la Vida, el Amor y la Belleza que es el Espíritu, sus desarrollos deben llevar estas cualidades iniciales a través de toda la línea, de este modo, aunque sea en un grado pequeño, se convierte en una parte de la obra del Espíritu en su creatividad inherente.

Esta perpetua Creatividad del Espíritu es lo que nunca debemos perder de vista y es por eso que quiero que el estudiante capte claramente la idea de la autocontemplación del Espíritu como la única raíz posible del Proceso Creativo. No solo en la primera creación del mundo, sino en todo momento, el plano de lo más interno es el del Espíritu Puro y, por lo tanto, en éste, el punto originario, no hay nada más que el Espíritu pueda contemplar, excepto a sí mismo; entonces esta autocontemplación produce la manifestación correspondiente, y como la autocontemplación o el reconocimiento de su propia existencia debe necesariamente seguir continuamente, la correspondiente creatividad debe estar siempre en acción. Si se comprende claramente esta idea fundamental, veremos que la creatividad constante y progresiva es la esencia misma y el ser del Espíritu. Esto es lo que se entiende por lo 'Afirmativo' del Espíritu. No puede actuar negativamente, es decir, nocreativamente, ya que por la naturaleza misma de su autorreconocimiento tal acción negativa sería imposible. Por supuesto, si actuamos negativamente entonces, ya que el Espíritu siempre está actuando afirmativamente, nos movemos en dirección opuesta a él y, en consecuencia, mientras consideremos nuestra propia acción negativa como afirmativa, la acción del Espíritu nos debe parecer negativa, y es así que todas las condiciones negativas del mundo tienen su raíz en el pensamiento negativo o invertido: pero cuanto más pongamos nuestro pensamiento en armonía con la Vida, el Amor y la Belleza que es el Espíritu, se obtendrán menos de estas condiciones invertidas, hasta que finalmente se eliminarán por completo. Lograr esto es nuestro gran objetivo; porque, aunque el progreso puede ser lento, será estable si procedemos sobre un principio definido; y el propósito de nuestros estudios es asentar el verdadero principio. El principio que debemos sostener es la Incesante Creatividad del Espíritu. Esto es lo que queremos decir cuando hablamos de él como el Espíritu de lo Afirmativo, y pido a mis lectores que graben este término en sus mentes. Una vez que asientes que el Espíritu Todo-Originario es, por lo tanto, el Espíritu del Afirmativo Puro, encontraremos que esto nos llevará lógicamente a resultados del más alto valor.

Entonces, si continuamente tenemos en mente esta Creatividad Perpetua y Progresiva del Espíritu, podemos confiar en su funcionamiento, tanto en nosotros mismos como en ese gran movimiento cósmico de avance del que hablamos como Evolución. Es el mismo poder de Evolución trabajando dentro de nosotros, solo con esta diferencia, que en la medida en que reconocemos su naturaleza, seremos capaces de facilitar su progreso ofreciendo condiciones cada vez más favorables para su funcionamiento. Nosotros no añadimos fuerza al Poder, porque somos productos de él y, por lo tanto, no podemos generar lo que nos genera; pero al proporcionar condiciones adecuadas podemos especializarlo cada vez más. Este es el método de todos los avances que se han hecho. Nosotros nunca creamos ninguna fuerza (por ejemplo, la electricidad), sino que proporcionamos condiciones especiales bajo las cuales la fuerza se manifiesta en una variedad de formas útiles y hermosas, posibilidades insospechadas que permanecen ocultas en el poder hasta que son sacadas a la luz gracias a la cooperación del Factor Personal.

Ahora, es precisamente la introducción de este Factor Personal lo que nos concierne, porque por toda la eternidad solo podemos reconocer las cosas desde nuestro propio centro de conciencia, ya sea en este mundo o en cualquier otro; por lo tanto, la pregunta práctica es, cómo especializar en nuestro propio caso la Vida Originaria genérica que, cuando le damos un nombre, llamamos "el Espíritu". El método para hacer esto es perfectamente lógico cuando vemos que el principio involucrado es el del Autorreconocimiento del Espíritu. Hemos rastreado el modus operandi del Proceso Creativo lo suficientemente lejos para ver que la existencia del cosmos es el resultado del Espíritu viéndose a sí mismo en el cosmos, y si esta es la ley del todo, también debe ser la ley de la parte. Pero existe la diferencia de que, mientras se mantenga la relación promedio normal de las partículas, el conjunto continúa subsistiendo independientemente de la posición en la que se encuentre una partícula en específico, al igual que una fuente sigue existiendo sin importar si una gota de agua en particular está en el fondo de la fuente o en la parte superior del chorro. Esta es la acción genérica que mantiene la raza como un todo. Pero la pregunta es, ¿qué va a ser de nosotros? Entonces, como la ley del todo es también la ley de la parte, podemos decir de

El Ideal Divino

inmediato que lo que se requiere es que el Espíritu se vea a sí mismo en nosotros, en otras palabras, que encuentre en nosotros el Recíproco que, como hemos visto, es necesario para su Disfrute de una determinada Cualidad de Conciencia.

Ahora, la conciencia fundamental del Espíritu debe ser la de la Vida autosuficiente, y para el pleno disfrute de esta conciencia, debe haber una correspondiente conciencia individual que le sea recíproca; y por parte del individuo, tal conciencia solo puede surgir del reconocimiento de que su propia vida es idéntica a la del Espíritu, no algo enviado a vagar por sí solo, sino algo incluido en la Vida Mayor y que forma parte de ella. En consecuencia, por las propias condiciones del caso, tal contemplación por parte del individuo no es otra cosa que el Espíritu contemplándose a sí mismo desde el punto de vista de la conciencia individual, y cumpliendo así la Ley del Proceso Creativo bajo condiciones especializadas que lógicamente resultan en la perpetuación de la vida individual. Es la Ley del Proceso Creativo Cósmico transferida al individuo.

Me parece que éste es el Ideal Divino: el de una Individualidad que reconoce su Fuente, y reconoce también el método por el cual surge de esa Fuente y que, por lo tanto, es capaz de abrir en sí mismo un canal por el cual esa Fuente puede fluir ininterrumpidamente; con el resultado de que, desde el momento de este reconocimiento, el individuo vive directamente desde la Vida Originaria, como siendo él mismo una creación directa especial y no simplemente como un miembro de una raza genérica. El individuo que ha alcanzado esta etapa de reconocimiento encuentra así un principio de vida duradera dentro de sí mismo. Entonces, la siguiente pregunta es, de qué manera es probable que se manifieste este principio.

31

CAPÍTULO 4

LA MANIFESTACIÓN DEL PRINCIPIO DE VIDA

Debemos tener en cuenta que lo que hemos alcanzado ahora es un principio, o potencial universal, solo que lo hemos localizado en el individuo. Pero un principio, como tal, no es la manifestación. La manifestación es el crecimiento que se deriva del principio, es decir, alguna Forma en la que el principio se vuelve activo. Al mismo tiempo, debemos recordar que, aunque una forma es necesaria para la manifestación, la forma no es esencial, ya que el mismo principio puede manifestarse a través de varias formas, al igual que la electricidad puede funcionar ya sea a través de una lámpara o un tranvía, sin cambiar de ninguna manera su naturaleza inherente. De esta manera, llegamos a la conclusión de que el principio de Vida siempre debe proveerse de un cuerpo en el cual funcionar, aunque no significa que este cuerpo deba ser siempre de la misma constitución química que poseemos ahora. Podríamos imaginar un planeta lejano donde no se obtuvieran las combinaciones químicas con las que estamos familiarizados en la tierra; pero si el principio esencial de Vida de cualquier individuo fuera transportado allí, entonces, por la Ley del Proceso Creativo, procedería a vestirse con un cuerpo material extraído de la atmósfera y de la sustancia de ese planeta; y la personalidad así producida se sentiría bastante en casa allí, ya que todo su entorno sería perfectamente natural para él, por muy diferentes que pudieran ser allí las leyes de la Naturaleza de las que conocemos aquí.

En una concepción como ésta, encontramos la importancia de los dos principios más significativos a los que he llamado la atención: primero, el poder del Espíritu para crear ex nihilo y, segundo, el reconocimiento por parte del individuo del principio básico de la Unidad que da permanencia y solidez al marco de la naturaleza. Por el primero, el autorreconocimiento del principio de vida podría producir cualquier tipo de cuerpo que eligiera; y por el segundo, sería llevado a proyectar uno en armonía con el orden natural del planeta en particular, haciendo así todos los hechos de ese orden realidades sólidas para el individuo, y él mismo un ser sólido y natural para los demás habitantes de ese mundo. Pero esto no eliminaría el conocimiento del individuo de cómo llegó allí y así, suponiendo que hubiera reconocido su identidad con el Principio de Vida Universal lo suficiente como para controlar conscientemente la proyección de su propio cuerpo, él podría desintegrar a voluntad el cuerpo que concuerda con las condiciones de un planeta y constituir uno que concuerde igual de armoniosamente con las de otro, y así podría funcionar en cualquier número de planetas como un ser perfectamente natural en cada uno de ellos. Se asemejaría en todos los aspectos a los demás habitantes, con una excepción importantísima: que, al haber alcanzado la unidad con su Principio Creador, no estaría atado por las leyes de la materia como ellos lo estarían.

Cualquiera que pudiera alcanzar tal poder, solo podría hacerlo mediante su realización de la total Unidad del Espíritu como el Fundamento de todas las cosas; y siendo esta la base de sus propios poderes ampliados, sería el último en contradecir su propio principio básico empleando sus poderes de tal manera que perturbaran el curso natural de la evolución en el mundo en el que se encontrara. Podría utilizarlos para ayudar a la evolución de otros en ese mundo, pero ciertamente nunca para perturbarla, ya que siempre actuaría con la máxima de que "el orden es la primera Ley del Cielo". Sin embargo, nuestro objetivo no es trasladarnos a otros planetas, sino obtener lo mejor de éste; pero no sacaremos lo mejor de éste hasta que reconozcamos que el poder que nos permitirá hacerlo es tan absolutamente universal y fundamental, que su aplicación en este mundo es precisamente la misma que en cualquier otro, y es por eso que lo he declarado como una proposición general aplicable a todos los mundos.

Como el principio es universal, no hay razón por la cual debamos posponer su aplicación para cuando nos encontremos en otro mundo; el mejor momento y lugar para comenzar es Aquí y Ahora. El punto de partida no es en el tiempo ni en la localidad, sino en el modo de Pensamiento; y si nos damos cuenta de que este Punto de Origen es el poder del Espíritu para producir algo de la nada, y que lo hace de acuerdo con el orden natural de la sustancia del mundo particular en el que está trabajando, entonces el ego espiritual en nosotros mismos, como procedente directamente del Espíritu Universal, debería ser capaz, en primer lugar, de combinar tan armoniosamente el funcionamiento de las leyes espirituales y físicas en su propio cuerpo como para mantenerlo en perfecto estado de salud; en segundo lugar, llevar este proceso más lejos y renovar el cuerpo, erradicando así los efectos de la vejez; y en tercer lugar, llevar el proceso aún más lejos y perpetuar este cuerpo renovado tanto tiempo como el individuo lo desee.

Si el estudiante le muestra esto a uno de sus conocidos comunes, quien nunca ha pensado en estas cosas, su amigo sin duda exclamará "¡Qué tontería!", si es que no utiliza un improperio más fuerte. Él inmediatamente apelará a la experiencia pasada de toda la humanidad; su argumento es que lo que no ha sido en el pasado, no puede ser en el futuro; sin embargo, no aplica el mismo argumento a la aeronáutica y se olvida del hecho de que el Libro Sagrado que reverencia, contiene promesas de estas mismas cosas. El estudiante realmente serio nunca debe olvidar la máxima de que "el Principio no está limitado por el Precedente", si así fuera, todavía seríamos salvajes primitivos.

Para usar el Proceso Creativo debemos Afirmar el Poder Creativo, es decir, debemos volver al Principio de la serie y comenzar con el Espíritu Puro, solo recordando que este punto de partida ahora se encuentra en nosotros mismos, porque esto es lo que distingue el Proceso Creativo individual del cósmico. Aquí es donde entra en juego la importancia de reconocer un solo Poder Originario en lugar de dos poderes que interactúan, ya que esto significa que no derivamos nuestro poder de ninguna polaridad existente, sino que vamos a establecer polaridades que iniciarán la causación secundaria en las líneas que así determinemos. De ahí también la importancia de reconocer que el único movimiento originario posible del espíritu debe ser la autocontemplación, pues esto nos muestra que no tenemos que contemplar las condiciones existentes sino el Ideal Divino y que esta contemplación del ideal divino del ser humano es la autocontemplación del Espíritu desde el punto de vista de la individualidad humana.

Entonces surge la pregunta, si estos principios son verdaderos, ¿por qué no los estamos demostrando? Bueno, cuando nuestro principio fundamental es obviamente correcto y, sin embargo, no obtenemos los resultados adecuados, la única conclusión es que en un lugar u otro hemos introducido algo antagónico al principio fundamental, algo que no es inherente al principio en sí mismo y que, por lo tanto, debe su presencia a alguna acción nuestra. Ahora bien, el error consiste en creer que el Poder Creativo está limitado por el material en el cual funciona. Si se asume esto, entonces tienes que calcular las resistencias ofrecidas por el material; y dado que según los términos del Proceso Creativo estas resistencias no existen realmente, no tienes ninguna base de cálculo, de hecho, no tienes forma de saber dónde estás y todo está en confusión. Por eso es tan importante recordar que el Proceso Creativo es la acción de un Poder Único, y que la interacción de dos polaridades opuestas llega en una etapa posterior y no es creativa, sino solo distributiva, es decir, localiza la Energía que ya procede del Poder Único. Esta es una verdad fundamental que nunca se debe perder de vista. Sin embargo, mientras no veamos esta verdad, necesariamente limitaremos el Poder Creativo por el material en el cual trabaja, y en la práctica lo hacemos refiriéndonos a la experiencia pasada como el único criterio de juicio. Estamos midiendo el Quinto Reino según el estándar del Cuarto, como si dijéramos que un individuo intelectual, un ser del Cuarto Reino, debería estar limitado por las condiciones que se obtienen en el Primer Reino o en el Reino Mineral – para usar el lenguaje de las Escrituras, estamos buscando al Vivo entre los muertos.

Por otra parte, en la actualidad comienza a abrirse ante nosotros un nuevo orden de experiencia, ya que los casos bien autentificados de sanación de enfermedades por el poder invisible del Espíritu aumentan constantemente en número. Los hechos ahora son demasiado evidentes para ser negados, lo que queremos es un mejor conocimiento del poder que los explica. Y si este comienzo está ahora con nosotros, ¿por qué razón vamos a limitarlo? La diferencia entre la sanación de la enfermedad, y la renovación de todo el organismo, y la perpetuación de la vida, es solo una diferencia de grado y no de clase; de modo que la experiencia real de un número creciente de personas muestra el funcionamiento de un principio al cual lógicamente no podemos establecer límites.

Si tenemos los pasos del Proceso Creativo claramente en nuestras mentes, veremos por qué hasta ahora hemos tenido resultados tan pequeños. El espíritu crea por autocontemplación; por lo tanto, lo que se contempla a sí mismo siendo, en eso se convierte. Tú eres Espíritu individualizado, por lo tanto, lo que contemplas como la Ley de tu ser, se convierte en la Ley de tu ser. Entonces, si contemplas una Ley de Muerte que surge de las Fuerzas de la Materia reaccionando contra el Poder del Espíritu y venciéndolo, imprimes este modo de autorreconocimiento sobre el Espíritu en ti mismo. Por supuesto, tú no puedes alterar su naturaleza inherente, pero haces que opere en condiciones negativas y, por lo tanto, haces que produzca resultados negativos en lo que a ti respecta.

Pero invierte el proceso y contempla una Ley de Vida como algo inherente al propio Ser del Espíritu y, por lo tanto, inherente al espíritu en ti mismo; y contempla las fuerzas de la Materia como prácticamente inexistentes en el Proceso Creativo, porque son productos de él y no causas; mira las cosas de esta manera e imprimirás una concepción correspondiente en el Espíritu, la cual, por la Ley de Reciprocidad, entra así en la autocontemplación en estas líncas desde el punto de vista de tu propia individualidad; y luego, por la naturaleza del Proceso Creativo, se producirá la correspondiente exteriorización. De esta manera, nuestra pregunta inicial, ¿Cómo llegó a existir algo? nos lleva al reconocimiento de una Ley de Vida que cada uno de nosotros puede especializar por sí mismo; y en la medida en que la especialicemos, encontraremos el Principio Creativo trabajando dentro de nosotros, creando una personalidad más sana y feliz en mente, cuerpo y circunstancias.

Solo debemos aprender a distinguir entre los vehículos del Espíritu y el Espíritu mismo, ya que la distinción tiene aspectos muy importantes. Lo que distingue a los vehículos del Espíritu es la Ley del Crecimiento. El Espíritu es el principio de Vida sin-forma, y el vehículo es una Forma en la cual funciona este principio. Ahora, el vehículo es una proyección del Espíritu de la sustancia coordinada con el orden natural del plano en el cual funciona el vehículo y, por lo tanto, requiere ser construido conforme a ese orden. Esta construcción es lo que llamamos Crecimiento; y dado que el principio que causa el crecimiento es el Espíritu individualizado, el ritmo de crecimiento dependerá de la cantidad de energía vitalizadora que el Espíritu ponga en él, y la cantidad de energía vitalizadora dependerá del grado en que el Espíritu individualizado estime su propia vivacidad y, finalmente, el grado de esta estimación dependerá de la calidad de la percepción del individuo del Gran Espíritu Todo-Originario como reflejándose en él y haciendo así que su contemplación de él sea nada más que la Autocontemplación creativa del Espíritu procediendo de un centro individual y personal.

Por lo tanto, no debemos omitir la Ley de Crecimiento en el vehículo de nuestra concepción de la obra del Espíritu. De hecho, el vehículo no tiene nada que decir al respecto porque

es simplemente una proyección del Espíritu; pero por esta
misma razón, su formación será rápida o lenta en exacta
proporción a la concepción vitalizadora del espíritu individual.

Podríamos imaginar un grado de concepción vitalizadora que
produjera la forma correspondiente instantáneamente, pero en
el presente debemos admitir la debilidad de nuestro poder
espiritual - no pensar de ninguna manera que es incapaz de
lograr su objetivo, sino como operando mucho más lento ahora
de lo que esperamos verlo en el futuro – y, por lo tanto, no
debemos desalentarnos, sino que debemos mantener nuestro
pensamiento sabiendo que está haciendo su trabajo creativo y
que el correspondiente crecimiento se está produciendo de
manera lenta pero con toda seguridad; siguiendo así el precepto
Divino de que las personas deben orar siempre y no
desfallecer. Gradualmente, a medida que ganemos experiencia
en estas nuevas líneas, aumentará nuestra confianza en el poder
del Espíritu y estaremos menos inclinados a argumentar desde
el lado negativo de las cosas, y así los obstáculos a la afluencia
del Espíritu Originario serán eliminados cada vez más y se
obtendrán resultados cada vez mayores.

Si queremos tener nuestra mente clara sobre este tema de la
Manifestación, debemos recordar su triple naturaleza:
(1) El Principio-de-Vida General,
(2) La localización de este principio en el Individuo y,
(3) El Crecimiento del Vehículo como es proyectado por el
    Espíritu individualizado con más o menos energía.
Es una secuencia de condensación progresiva desde el
Espíritu Universal Indiferenciado hasta el vehículo último y
más externo, una verdad consagrada en la máxima esotérica de
que "la Materia es Espíritu en su nivel más bajo".

Las formas producidas de este modo están en verdadera
concordancia con el orden general de la Naturaleza en el plano

39

particular donde ocurren y, por lo tanto, son perfectamente diferentes de las formas consolidadas temporalmente a partir del material extraído de otros organismos vivos. Estos últimos cuerpos fantasmales solo se mantienen unidos por un acto de volición concentrada y, por lo tanto, solo pueden mantenerse por un corto período de tiempo y con esfuerzo; mientras que el cuerpo que el espíritu individualizado, o ego, construye para sí mismo, es producido por un proceso perfectamente natural y no requiere ningún esfuerzo para sostenerlo, ya que se mantiene en contacto con todo el sistema del planeta mediante la acción continua y sin esfuerzo de la mente subconsciente del individuo.

Aquí es donde entra la acción de la mente subconsciente como constructor del cuerpo. La mente subconsciente actúa de acuerdo con el conjunto de sugestiones que le imprime la mente consciente, y si esta sugestión es la de perfecta armonía con las leyes físicas del planeta, entonces se producirá la correspondiente construcción por parte de la mente subconsciente, un proceso que, lejos de implicar algún esfuerzo, consiste más bien en un tranquilo sentido de unidad con la Naturaleza.

Y si a este sentido de unión con el Alma de la Naturaleza, esa Mente Subconsciente Universal que tiene el mismo lugar en el cosmos que el de la mente subconsciente tiene en nosotros mismos, si a esto se le agrega un sentido de unión con el Espíritu Todo-creador del cual fluye el Alma de la Naturaleza, entonces a través de la mente subconsciente del individuo, pueden producirse en su cuerpo efectos tan especializados que trascienden nuestras experiencias pasadas sin violar de ninguna manera el orden del universo. La Antigua Ley fue la manifestación del Principio de Vida trabajando bajo condiciones restringidas: la Nueva Ley es la manifestación del mismo Principio trabajando bajo condiciones expandidas. Así es que, aunque Dios nunca cambia, se dice que "aumentamos con el aumento de Dios".

CAPÍTULO 5

EL FACTOR PERSONAL

Ya he señalado que la presencia de una Única Mente Cósmica que abarca-todo, es una necesidad absoluta para la existencia de cualquier creación, por la razón de que si cada mente individual fuera un centro de percepción completamente separado, no vinculado a todas las demás mentes por una base común de mentalidad subyacente independiente de toda acción individual, entonces no habría dos personas que vieran lo mismo al mismo tiempo, de hecho, ni siquiera dos individuos serían conscientes de vivir en el mismo mundo. Si este fuera el caso, no habría un estándar común al cual referir nuestras sensaciones y, de hecho, al llegar a la existencia sin conciencia del entorno, excepto la que pudiéramos formar simplemente por nuestro propio pensamiento y, en la hipótesis del caso, no teniendo ningún estándar por el cual formar nuestros pensamientos, no podríamos formar la concepción de ningún entorno en absoluto y, en consecuencia, no podríamos tener ningún reconocimiento de nuestra propia existencia. La confusión de pensamiento involucrada, incluso en el intento de establecer tal condición, muestra que es absolutamente inconcebible, por la sencilla razón de que es autocontradictoria y autodestructiva. En este sentido, está claro que nuestra propia existencia y la del mundo que nos rodea necesariamente implica la presencia de una Mente Universal actuando en ciertas líneas fijas propias que establecen la base para el funcionamiento de todas las mentes individuales. Esta acción primordial de la Mente Universal establece un estándar inmutable por el cual eventualmente debe medirse toda acción mental individual y, por lo tanto, nuestra primera preocupación es determinar cuál es este estándar y convertirlo en la base de nuestra propia acción.

Ahora, si la existencia independiente de un estándar común de referencia es necesaria para nuestro autorreconocimiento simplemente como habitantes del mundo en el que vivimos, entonces, con mayor razón, es necesario un estándar común de referencia para nuestro reconocimiento del lugar único que ocupamos en el Orden Creativo, que es el de introducir el Factor Personal, sin el cual las posibilidades contenidas en las Grandes Leyes Cósmicas permanecerían sin desarrollarse y la autocontemplación del Espíritu nunca podría alcanzar esos desarrollos infinitos de los que es lógicamente capaz.

La evolución del factor personal es, por lo tanto, el punto que más nos interesa. De hecho, independientemente de las teorías contrarias que podamos sostener, todos reconocemos el mismo entorno cósmico de la misma manera; es decir, todas nuestras mentes actúan de acuerdo con ciertas leyes genéricas que subyacen en todas nuestras diversidades individuales de pensamiento y sentimiento. Esto es así porque estamos hechos de esa manera y no podemos evitarlo. Pero con el Factor Personal el caso es diferente. Un estándar no es menos necesario, pero no estamos hechos para ajustarnos a ello automáticamente. La concepción misma de la conformidad automática con un estándar personal es contradictoria, ya que elimina justamente lo que constituye la personalidad, esto es, la libertad de volición, el uso de los poderes de Iniciativa y Selección. Por esta razón, la conformidad con el Estándar de Personalidad debe ser una cuestión de elección, lo que equivale a decir que le corresponde a cada individuo formar su propia concepción de un estándar de Personalidad; sin embargo, la libertad conlleva el resultado inevitable de que manifestaremos las condiciones correspondientes al tipo de personalidad que aceptamos como nuestro estándar normal.

Quisiera llamar la atención sobre las palabras "Estándar Normal". Lo que finalmente alcanzaremos no es lo que simplemente deseamos, sino lo que consideramos normal. La razón es que, como subconscientemente sabemos que estamos basados en la Ley inherente de la Mente Universal, sentimos - ya sea que podamos razonarlo o no - que no podemos obligar a la Mente Todo-productora a trabajar en contra de sus propias cualidades inherentes y, por lo tanto, intuitivamente reconocemos que no podemos trascender el tipo de personalidad que es normal de acuerdo con la Ley de la Mente Universal. Este pensamiento siempre está en el fondo de nuestra mente y no podemos escaparnos de él por la sencilla razón de que es inherente a nuestra constitución mental, porque nuestra mente es en sí misma un producto del Proceso Creativo; y suponer que nosotros mismos trascendemos las posibilidades contenidas en la Mente Originaria, implicaría el absurdo de suponer que podemos sacar lo mayor de lo menor.

Sin embargo, hay algunos que intentan hacerlo y su posición es la siguiente. En efecto, ellos dicen: quiero trascender el estándar de la humanidad como lo veo a mi alrededor. Pero este es el estándar normal de acuerdo con la

Ley del Universo, por lo tanto, tengo que superar la Ley del Universo. Por consiguiente, ya que no puedo sacar el poder necesario de esa Ley, no hay otro lugar para obtenerla excepto de mí mismo. Así, el aspirante es devuelto a su propia voluntad individual como el poder último, con el resultado de que la responsabilidad de concentrar una fuerza suficiente para vencer la Ley del Universo, cae sobre él. Por lo tanto, continuamente se le presenta una sugestión de lucha contra una tremenda fuerza opuesta y, como consecuencia, se somete continuamente a una tensión que se vuelve cada vez más intensa a medida que se da cuenta de la magnitud de la fuerza contra la que se enfrenta. Luego, cuando comienza a darse cuenta de la desigualdad de la lucha, busca ayuda externa y recurre a varios recursos, todos los cuales tienen esto en común, que en última instancia todos invocan la asistencia de otras individualidades, sin ver que esto implica la misma falacia que lo ha llevado a su situación actual, la falacia de suponer que alguna individualidad puede desarrollar un poder mayor que el de la fuente de la cual procede. Esto es una gran falacia y, por consiguiente, todos los esfuerzos basados en ella están condenados al fracaso final, ya sea que adopten la forma de confiar en la fuerza de voluntad personal; o de ritos mágicos; o de austeridad practicada contra el cuerpo; o de intentos de concentración anormal para absorber al individuo en lo universal; o de invocación de los espíritus; o cualquier otro método - la misma falacia está involucrada en todos ellos, que lo menor es más grande que lo mayor.

Ahora bien, hay que señalar que la idea de trascender las condiciones actuales de la humanidad no implica necesariamente la idea de trascender la ley normal de la humanidad. El error que hemos cometido hasta ahora ha sido establecer el Estándar de Personalidad demasiado bajo y tomar nuestras experiencias pasadas para medir las posibilidades últimas de la raza. Nuestra libertad consiste en nuestra capacidad de formar nuestra propia concepción del Estándar Normal de la Personalidad, solo sujeto a las condiciones que surgen de la Ley inherente de la Mente Universal subyacente; y así, todo se resuelve en la pregunta: ¿Cuáles son esas condiciones fundamentales? La Ley es que no podemos trascender lo Normal; por lo tanto, viene la pregunta, ¿Qué es lo normal?

Me he esforzado por responder esta pregunta en el capítulo sobre el Ideal Divino, pero ya que este es el punto crucial de todo el tema, podemos dedicarle un poco más de atención. El Estándar Normal de la Personalidad debe ser necesariamente la reproducción en la Individualidad de lo que la Mente Universal es en sí misma, ya que, debido a la naturaleza del Proceso Creativo, este estándar resulta de la autocontemplación del Espíritu en la etapa en que su reconocimiento se dirige hacia su propio poder de Iniciativa y Selección. En esta etapa, el Autorreconocimiento del Espíritu ha pasado más allá de la Autoexpresión a través de una simple Ley de Promedios, hacia el reconocimiento de lo que me he aventurado a llamar su Habilidad Artística; y como hemos visto que el autorreconocimiento, en cualquier etapa, solo puede lograrse mediante el reconocimiento de una relación que estimule ese tipo particular de conciencia, se deduce que para el propósito de este avance posterior es necesaria la expresión a través de individuos de un tipo correspondiente. Entonces, por la Ley de Reciprocidad, tales seres deben poseer poderes similares a los contemplados en sí mismo por el Espíritu Originario, en otras palabras, deben ser en su propia esfera la imagen y semejanza del Espíritu como se ve a sí mismo.

Hemos visto que el Espíritu Creador necesariamente posee los poderes de Iniciativa y Selección. A esto podemos llamar sus propiedades activas – el resumen de lo que hace. Pero lo que hace cualquier poder depende de lo que es, por la sencilla razón de que no puede dar lo que no contiene; por lo tanto, detrás del poder de Iniciativa y Selección del Espíritu, debemos encontrar qué es el Espíritu, es decir, cuáles son sus propiedades sustantivas. Para comenzar, debe ser Vida. Entonces, porque es Vida, debe ser Amor, porque como el Principio indiferenciado de Vida no puede hacer otra cosa que tender al desarrollo más completo de la vida en cada individuo, y el motivo puro de dar un mayor disfrute de la vida es el Amor. Entonces, porque es Vida guiada por el Amor, también debe ser Luz, es decir, la percepción primaria y total de las ilimitadas manifestaciones que aún están por venir. De ahí procede el Poder, porque no hay ninguna fuerza opuesta en el nivel del Espíritu Puro; y, por lo tanto, la Vida impulsada por el Amor o el deseo de reconocimiento, y por la Luz o la percepción pura de la Ley de la Posibilidad Infinita, necesariamente debe producir Poder, por la simple razón de que en estas condiciones no podría detenerse en la acción, porque eso sería la negación de la Vida, el Amor y la Luz que es. Entonces, como el Espíritu es Vida, Amor, Luz y Poder, es también Paz, también por una razón muy simple, que siendo el Espíritu del Todo no puede establecer una parte en antagonismo contra otra, porque eso sería destruir la totalidad. A continuación, el Espíritu debe ser Belleza, porque en el mismo principio de Totalidad debe proporcionar debidamente cada parte con la otra, y la debida proporción de todas las partes, es belleza. Y, por último, el Espíritu debe ser Alegría, porque, al trabajar en estas líneas, no puede hacer otra cosa que encontrar placer en la Autoexpresión que le brindan sus obras y en la contemplación de la infinitud del Proceso Creativo mediante el cual cada etapa realizada de la evolución, por excelente que sea, sigue siendo el peldaño para algo aún más excelente, y así sucesivamente en la progresión eterna.

Por estas razones, podemos resumir el Ser Sustantivo del Espíritu Todo-originario como Vida, Amor, Luz, Poder, Paz, Belleza y Alegría; y su Poder Activo como el de Iniciativa y Selección. Por lo tanto, éstas constituyen las leyes básicas de la mentalidad universal subyacente que establece el Estándar de la Personalidad Normal, un estándar que, cuando se ve bajo esta luz, trasciende el alcance máximo de nuestro pensamiento, ya que no es más que el Espíritu del Afirmativo Infinito concebido en la personalidad humana. Este estándar es el del propio Espíritu Universal, reproducido en la Individualidad Humana por la misma Ley de Reciprocidad que hemos encontrado como la ley fundamental del Proceso Creativo, solo que ahora estamos rastreando la acción de esta Ley en el Quinto Reino en lugar de hacerlo en el Cuarto.

A este estándar podemos llamarlo el Principio Universal de la Humanidad y, habiendo trazado ahora los pasos sucesivos por los cuales se alcanza desde el primer movimiento cósmico del Espíritu en la formación de la nebulosa primaria, no necesitamos recorrer nuevamente ese antiguo terreno y de aquí en adelante podemos tomar este Principio Divino de la Humanidad como nuestro Estándar Normal y convertirlo en el punto de partida para nuestra futura evolución. Pero, ¿cómo hacemos esto? Simplemente utilizando el método del Proceso Creativo, es decir, la Autocontemplación del Espíritu. Ahora sabemos que somos Recíprocos del Espíritu Divino, centros en los que encuentra un nuevo punto para la autocontemplación; por lo tanto, la manera de elevarnos a las alturas de este Gran Patrón es contemplándolo como el Estándar Normal de nuestra propia Personalidad. Y hay que tener en cuenta que el Patrón así establecido ante nosotros es Universal. Es la encarnación de todos los grandes principios de lo Afirmativo y, por lo tanto, de ninguna manera interfiere con nuestra propia individualidad particular, eso es algo que se construye sobre esta base, algo adicional que proporciona el medio de diferenciación a través del cual este Principio unificador encuentra variedad de expresión; de modo que no debemos tener ningún temor de que descansando sobre este Patrón deberíamos ser menos nosotros mismos. Por el contrario, su reconocimiento nos da la libertad de ser más plenamente nosotros mismos, porque sabemos que estamos basando nuestro desarrollo, no en la fuerza de nuestra propia voluntad por sí sola, ni tampoco en ningún tipo de ayuda externa, sino en la propia Ley Universal, manifestándose a través de nosotros en la secuencia apropiada del Orden Creativo; de tal forma que, todavía estamos tratando con los principios Universales, solo que el principio por el cual estamos trabajando ahora es el Principio Universal de la Personalidad.

Deseo que el estudiante tenga esta idea muy clara porque éste es realmente el punto crucial del paso del Cuarto Reino al Quinto. El gran problema del futuro de la evolución es la introducción del Factor Personal. La razón de esto es muy simple cuando la vemos. Tomando un pensamiento de mi libro "Las Conferencias de Doré" podemos ponerlo de esta manera. En tiempos pasados, nadie pensaba en construir barcos de hierro porque el hierro no flota; sin embargo, ahora los barcos rara vez están construidos de otra cosa, aunque la gravedad específica relativa al hierro y al agua permanecen inalteradas. Lo que ha cambiado es el factor personal. La ley de la flotación se ha ampliado a una percepción más inteligente; ahora vemos que la madera flota y el hierro se hunde, ambos por el mismo principio operando bajo condiciones opuestas; la ley es que cualquier objeto flotará si su peso es más ligero que el volumen del agua desplazada por él, de modo que al incluir en nuestros cálculos el desplazamiento del recipiente y la gravedad específica del material, ahora hacemos que el hierro flote por la misma ley por la cual se hunde. Este ejemplo muestra que la función del Factor Personal es analizar las manifestaciones de la Ley que la Naturaleza nos brinda espontáneamente y descubrir el Principio Afirmativo Universal que se encuentra oculto en ellas, y luego, mediante el ejercicio de nuestros poderes de Iniciativa y Selección, proporcionar condiciones especializadas que permitirán que el Principio Universal trabaje en formas completamente nuevas que trascienden cualquier cosa en nuestra experiencia pasada. Es así como se ha logrado todo el progreso hasta el presente, y es la manera en que debe lograrse todo el progreso en el futuro, solo que, para el propósito de la evolución o el crecimiento desde adentro, debemos transferir el método al plano espiritual.

Entonces, la función del Factor Personal en el Orden Creativo es proporcionar condiciones especializadas mediante el uso de los poderes de Selección e Iniciativa; una verdad indicada por la máxima "La naturaleza sin ayuda falla"; pero la dificultad radica en que, si toda la población del mundo obtuviera poderes superiores sin una base común para su uso, su ejercicio promiscuo solo podría resultar en una caótica confusión y la destrucción de toda la raza. Introducir el poder creativo del individuo y, al mismo tiempo, evitar convertirlo en una devastadora inundación, es el gran problema de la transición del Cuarto Reino al Quinto. Para este propósito, se hace necesario tener un Estándar del Factor Personal independiente de cualquier concepción individual, tal como encontramos que para poder alcanzar la autoconciencia era necesario que existiera una Mente Universal como base genérica de toda mentalidad individual; solo que en lo que respecta a la construcción mental genérica, la conformidad es necesariamente automática, mientras que en lo que se refiere al proceso de especialización, el hecho de que la esencia de ese proceso es la Selección y la Iniciativa, hace imposible que la conformidad con el Estándar de Personalidad sea automática - la naturaleza misma de la cosa hace que sea una cuestión de elección individual.

Ahora bien, un Estándar de Personalidad independiente de las concepciones individuales debe ser la esencia de la Personalidad, distinguido de las idiosincrasias individuales y, por lo tanto, no puede ser otra cosa que la Vida Creativa, el Amor, la Belleza, etc., visto como una Individualidad Divina, al identificarnos con ella eliminamos toda posibilidad de conflicto con otras personalidades basadas en el mismo reconocimiento fundamental; y la universalidad misma de este Estándar permite el paso libre a todas nuestras idiosincrasias particulares y, al mismo tiempo, les impide antagonizar los principios fundamentales que la autocontemplación del Espíritu Originario necesariamente debe dar lugar. De esta manera alcanzamos un Estándar de Medida para nuestros propios poderes. Si no reconocemos este estándar, nuestro desarrollo de los poderes espirituales, nuestro descubrimiento de las inmensas posibilidades ocultas en las leyes internas de la Naturaleza y de nuestro propio ser, solo pueden convertirse en un flagelo para nosotros mismos y para los demás, y es por esta razón que estos secretos están tan celosamente guardados por quienes los conocen, y que en la entrada del templo fueron escritas las palabras "Eskato Bebeloi" - "Fuera, profanos".

Pero si reconocemos y aceptamos este Estándar de Medida, entonces nunca debemos temer el descubrimiento de poderes ocultos, ya sea en nosotros mismos o en la Naturaleza, pues sobre esta base nos resulta imposible utilizarlos de forma indebida. Por lo tanto, toda la enseñanza sistemática sobre estos temas, comienza con instrucciones sobre el Orden Creativo del Cosmos y luego procede a exhibir el mismo Orden como reproducido en el plano de la Personalidad, proporcionando así un nuevo punto de partida para el Proceso Creativo mediante la introducción de la Iniciativa y la Selección Individual. Esta es la doctrina del Macrocosmos y del Microcosmos; y la transición de la obra genérica del Espíritu Creativo en el Cosmos a su trabajo específico en el Individuo es lo que se entiende por la doctrina de la Octava.

CAPÍTULO 6

EL ESTÁNDAR DE LA PERSONALIDAD

Ahora tenemos una idea general sobre el lugar del factor personal en el Orden Creativo, y la siguiente pregunta es: ¿Cómo nos afecta esto a nosotros mismos? La respuesta es que, si hemos comprendido el hecho fundamental de que el poder motor del Proceso Creativo es la autocontemplación del Espíritu, y si también vemos que, debido a que somos reproducciones en miniatura del Espíritu Original, nuestra contemplación de él se convierte en Su contemplación de sí mismo desde el punto de vista de nuestra propia individualidad. Si hemos captado estas concepciones fundamentales, entonces se deduce que nuestro proceso para desarrollar el poder es contemplar al Espíritu Originador como la fuente del poder que queremos desarrollar. Y aquí debemos protegernos contra un error que a menudo comenten las personas cuando miran al Espíritu como la fuente de poder. Somos propensos a considerar que a veces da el poder y a veces lo retiene y, en consecuencia, nunca estamos seguros de cómo actuará. Pero al hacerlo, hacemos que el Espíritu se contemple a sí mismo como si no tuviera ninguna acción definida, como un signo más y un signo menos que se cancelan mutuamente y, por lo tanto, por la Ley del Proceso Creativo, no se puede esperar ningún resultado. El error consiste en considerar el poder como algo separado del Espíritu; mientras que, por el análisis que hemos hecho ahora del Proceso Creativo, vemos que el Espíritu mismo es el poder, porque el poder viene a existencia solo a través de la autocontemplación del Espíritu. Entonces, la inferencia lógica de esto es que, al contemplar el Espíritu como el poder, y viceversa, al contemplar el poder como el Espíritu, se genera un poder similar en nosotros mismos.

De esto se desprende una importante conclusión: para generar cualquier tipo de poder en particular, debemos contemplarlo en lo abstracto en lugar de aplicarlo al conjunto particular de circunstancias que tenemos a mano. Las circunstancias indican el tipo de poder que queremos, pero no nos ayudan a generarlo, más bien nos impresionan con un sentido de algo contrario al poder, algo que debe ser superado por él, por lo tanto, debemos esforzarnos por concentrarnos en el poder en sí mismo y así entrar en contacto con él en su ilimitada infinitud.

Es aquí donde comenzamos a encontrar el beneficio de un Estándar Divino de la Individualidad Humana. Ese también es un Principio Infinito, y al identificarnos con él, aportamos a la concepción abstracta del Poder Impersonal infinito una correspondiente concepción de Personalidad Infinita, de modo que así importamos el Factor Personal que es capaz de utilizar el Poder, sin imponer ningún esfuerzo en nosotros mismos. Sabemos que por la naturaleza misma del Proceso Creativo somos uno con el Espíritu Originario y, en consecuencia, uno con todos los principios de su Ser y uno con su Personalidad Infinita, por lo tanto, nuestra contemplación de él como el Poder que queremos, nos da el poder de usar ese Poder. Esta es la autocontemplación del Espíritu empleada desde el punto de vista individual para la generación de poder. Luego viene la aplicación del poder así generado. Pero solo hay un Proceso Creativo, el de la autocontemplación del Espíritu y, por lo tanto, la manera de usar este proceso para la aplicación del poder es contemplarnos a nosotros mismos como rodeados por las condiciones que queremos producir. Esto no significa que debamos establecer un patrón duro y rígido de las condiciones y esforzarnos enérgicamente para obligar al Poder a adaptar su funcionamiento a cada detalle de nuestra imagen mental; hacerlo sería obstaculizar su funcionamiento y agotarnos a nosotros mismos. En lo que debemos permanecer es en la idea de un Poder Infinito produciendo la felicidad que deseamos, y porque este Poder es también el Poder Formador del Universo, confiar en él para dar esa forma a las condiciones que mejor reaccionarán sobre nosotros para producir el particular estado de conciencia deseado.

Por lo tanto, ni en el lado de recibir ni el de entregar existe ninguna restricción del Poder, ya que en ambos casos hay una iniciativa y una acción selectiva por parte del individuo; para la generación de poder, él toma la iniciativa de invocarlo por medio de la contemplación y selecciona el tipo de poder a invocar; mientras que en el lado de la entrega, selecciona el propósito para el cual se empleará el Poder y, por medio de su pensamiento, toma la iniciativa de dirigir el poder a ese propósito. De este modo, cumple los requisitos fundamentales del Proceso Creativo al ejercer las facultades inherentes de iniciativa y selección del Espíritu por medio de su método inherente, es decir, por la autocontemplación. Toda la acción es idéntica en tipo a la que produce el cosmos y ahora se repite en miniatura para el mundo particular del individuo; solo debemos recordar que esta reproducción en miniatura del Proceso Creativo se basa en los grandes principios fundamentales inherentes en la Mente Universal, y no puede disociarse de ellos sin que implique una concepción del individuo que finalmente será autodestructiva porque elimina el fundamento sobre el cual descansa su individualidad.

De este modo, se verá que cualquier individualidad basada en el Estándar fundamental de la Personalidad implicado en la Mente Universal, ha alcanzado el principio básico de la unión con el Espíritu Originario mismo y, por lo tanto, estamos en lo correcto al decir que la unión se logra a través, o por medio, de esta Personalidad Estándar. Esta es una gran verdad que en todas las edades se ha expuesto en una variedad de declaraciones simbólicas, a menudo malinterpretadas, y aún continúa siéndolo, aunque debido a la vitalidad inherente de la idea misma, incluso una comprensión parcial produce una medida correspondiente de buenos resultados. Este fracaso ha sido ocasionado por la falta de reconocimiento de un Principio Eterno detrás de las declaraciones particulares, en pocas palabras, la incapacidad de ver de qué estaban hablando. Todos los principios son eternos en sí mismos, y esto es lo que los distingue de sus manifestaciones particulares como leyes determinadas por condiciones locales y temporales.

Entonces, si llegamos a la raíz del asunto, debemos penetrar a través de todas las declaraciones verbales a un Principio Eterno que está tan activo ahora como en el pasado, y que está tan disponible para nosotros como para cualquiera que nos haya precedido. Por lo tanto, cuando discernimos un Principio Eterno y Universal de la Personalidad Humana como necesariamente implicado en el Ser Esencial del Espíritu

Originario Universal – *el hijo en el regazo del Padre* - hemos descubierto el verdadero Estándar Normal de la Personalidad.

Entonces, debido a que este estándar no es más que el principio de la Personalidad expandido a la infinitud, no hay límite a la expansión que nosotros mismos podamos alcanzar mediante la operación de este principio en nosotros; y así nunca nos colocamos en una posición de antagonismo hacia la verdadera ley de nuestro ser, sino que, por el contrario, cuanto más grande y más fundamental sea nuestra concepción del desarrollo personal, mayor será el cumplimiento que le damos a la Ley. El Estándar Normal de la Personalidad es en sí mismo la Ley del Proceso Creativo trabajando a nivel personal y no puede estar sujeto a limitación por la sencilla razón de que, siendo el proceso de la Autocontemplación del Espíritu, no es posible asignar límites a esta contemplación.

Por lo tanto, nunca debemos tener miedo de formar una idea demasiado alta de las posibilidades humanas, siempre y cuando tomemos este estándar como la base sobre la cual construir la edificación de nuestra personalidad. Y vemos que este estándar no es arbitrario, sino simplemente la Expresión en la Personalidad del Único Espíritu del Afirmativo que abarca-todo; y, por consiguiente, la única limitación que implica la conformidad con él, es la de impedir que vaya en líneas opuestas a las del Proceso Creativo, es decir, que se pongan en acción causas de desintegración y destrucción.

En el orden verdaderamente constructivo, el Estándar Divino de la Personalidad es realmente la base del desarrollo de la personalidad específica, así como la Mente Universal es la base necesaria de la mentalidad genérica; y así como sin este genérico último de la Mente, ninguno de nosotros podría ver el mismo mundo al mismo tiempo, y de hecho no tendríamos conciencia de existencia, así, aparte de este Estándar Divino de

Personalidad, es igualmente imposible para nosotros especializar la ley genérica de nuestro ser para desarrollar todas las gloriosas posibilidades que están latentes en ella.

Pero nunca debemos olvidar la diferencia entre estos dos declaraciones de la Ley Universal: una es cósmica y genérica, común a toda la raza, ya sea que lo sepan o no, un Estándar al que todos nos ajustamos automáticamente por el simple hecho de ser seres humanos; mientras que la otra es un Estándar personal e individual, cuya conformidad automática es imposible porque implicaría la pérdida de aquellos poderes de Iniciativa y Selección que son la esencia misma de la Personalidad; de modo que este Estándar necesariamente implica una selección personal de ella con preferencia a otras concepciones de naturaleza antagónica.

CAPÍTULO 7

EL PENSAMIENTO RACIAL Y EL NUEVO PENSAMIENTO

El continuo seguimiento de las etapas sucesivas del Proceso Creativo nos ha llevado al reconocimiento de una Individualidad en el propio Espíritu Todo-creador, pero una Individualidad que, por su propia naturaleza, es Universal y de la que no se puede prescindir sin transgredir los principios esenciales de los cuales depende la expansión posterior de nuestra propia individualidad. Al mismo tiempo, es estrictamente individual, porque es el Espíritu de la Individualidad y, por lo tanto, debe distinguirse de esa personalidad-racial simplemente genérica que nos hace seres humanos. Por supuesto, la personalidad-racial es la base necesaria para el desarrollo de esta Individualidad; pero si no vemos que es solo el preliminar para una mayor evolución, cualquier otra concepción de nuestra personalidad como miembros de la raza impedirá nuestro avance hacia la posición que nos corresponde en el Orden Creativo, que es la introducción del Factor personal por el ejercicio de nuestro poder individual de iniciativa y selección.

Es por ello que el pensamiento-racial, simplemente como tal, se opone al intento del individuo de pasar a un orden superior de vida. Lo limita mediante fuertes corrientes de sugestiones negativas, basadas en la falacia de que la perpetuación de la raza requiere la muerte del individuo; y es solo cuando el individuo ve que esto no es verdad y que su naturaleza-racial constituye el terreno sobre el cual ha de formarse su nueva Individualidad, es capaz de oponerse al poder negativo del pensamiento-racial. Lo hace destruyéndolo con su propia arma, es decir, encontrando en la propia naturaleza-racial el material que debe ser usado por el Espíritu para construir al Nuevo Ser. Este es un descubrimiento en el plano espiritual equivalente al descubrimiento en el plano físico de que podemos hacer flotar el hierro por la misma ley por la que se hunde. Es el descubrimiento de que lo que llamamos la parte mortal de nosotros es capaz de someterse a una aplicación superior de la Ley Universal de Vida, que la transmutará en un principio inmortal. Cuando vemos bajo esta luz lo que llamamos la parte mortal de nosotros, podemos emplear el mismo principio en el cual se basa el pensamiento-racial negativo, como un arma para la destrucción de ese pensamiento en nuestras propias mentes.

La base del pensamiento-racial negativo es la idea de que la muerte física es una parte esencial del Estándar Normal de la Personalidad y que el cuerpo está compuesto de un material tan neutral que la muerte puede hacer lo que quiera. Pero es precisamente esta neutralidad de la materia lo que la hace tan susceptible a la Ley de la Vida como a la Ley de la Muerte, es simplemente neutral y no es un poder originario en ninguno de los dos lados; por tanto, cuando nos damos cuenta de que nuestro Estándar Normal de Personalidad no está sujeto a la muerte, sino que es la Esencia Eterna y el Ser de la Vida misma, entonces vemos que esta neutralidad de la materia, su incapacidad para hacer una selección o tomar la iniciativa por su propia cuenta, es justamente lo que la convierte en el medio plástico para la expresión del Espíritu en nosotros mismos.

De esta manera, la mente genérica o racial en el individuo, se convierte en el instrumento a través del cual el poder especializado del Espíritu trabaja hacia la construcción de una personalidad basada en el verdadero Estándar Normal de la Individualidad, que hemos descubierto como inherente al Espíritu Todo-originario mismo. Y, dado que toda la cuestión es la introducción del factor de la individualidad personal en el orden creativo de causalidad, esto no se puede hacer privando al individuo de aquello que lo hace una persona en lugar de un objeto, es decir, el poder de Iniciativa y Selección consciente.

Por esta razón, la transición del Cuarto Reino al Quinto no puede ser forzada sobre la raza, ni por un mandato Divino ni por la acción genérica de la ley cósmica, ya que es una especialización de la ley cósmica que solo puede efectuarse por iniciativa personal y selección, así como el hierro solo puede hacerse flotar bajo ciertas condiciones especializadas y, en consecuencia, el paso del Cuarto Reino al Quinto es un proceso estrictamente individual que solo puede lograrse mediante una percepción personal de lo que realmente es el estándar normal de la Nueva Individualidad. Esto solo puede hacerse dejando de lado activamente el antiguo estándar-racial y la adopción consciente del nuevo. El estudiante hará bien en considerar esto cuidadosamente, ya que explica por qué la raza no puede recibir evolución posterior simplemente como raza y, además, muestra que nuestra evolución posterior no es hacia un estado de menor actividad sino de mayor, no hacia un ser menos vivo, sino más vivo, no se trata de ser menos nosotros mismos, sino de ser más nosotros mismos, por lo tanto, es todo lo contrario de aquellos sistemas que presentan el objetivo de la existencia como la reabsorción en la esencia Divina indiferenciada. Por el contrario, nuestra evolución posterior es hacia mayores grados de actividad consciente de lo que hemos conocido hasta ahora, porque implica nuestro desarrollo de mayores poderes como consecuencia de nuestra percepción más clara de nuestra verdadera relación con el Espíritu Todo-originario. El reconocimiento que nosotros podemos, y debemos, medirnos con este Nuevo Estándar en lugar de hacerlo con el antiguo estándar-racial es lo que constituye el verdadero Nuevo Pensamiento. El Nuevo Pensamiento, que da Nueva Vida al individuo, nunca se realizará mientras pensemos que es simplemente el nombre de una secta particular o que se encuentra en la observancia mecánica de un conjunto de reglas establecidas para nosotros por algún maestro particular. Es un hecho Nuevo en la experiencia del individuo, cuya razón ciertamente se le aclara a través de la percepción intelectual de la real naturaleza del Proceso Creativo, pero que puede convertirse en una experiencia real, solo mediante el contacto personal habitual con ese Espíritu Divino que es la Vida, el Amor y la Belleza que están detrás del Proceso Creativo y encuentran expresión a través de él.

A partir de este contacto fluirán continuamente nuevos pensamientos, todos ellos llevarán ese elemento vivificante que es inherente a su fuente, y el individuo luego procederá a desarrollar estas nuevas ideas con el conocimiento de que tienen su origen en el poder de iniciativa y selección de este Espíritu Todo-creador y, de esta manera, combinando la meditación y la acción, se encontrará avanzando hacia una creciente luz, libertad y utilidad. El avance puede ser casi imperceptible de un día para otro, pero será perceptible a intervalos más largos y el que está avanzando así con el Espíritu de Dios, al mirar hacia atrás en cualquier momento, siempre encontrará que está obteniendo más vivacidad de la vida que un año antes. Y esto sin un esfuerzo extenuante, porque no tiene que fabricar el poder a partir de sus propios recursos, sino solo recibirlo, y en cuanto a su uso, eso es solo el ejercicio del poder mismo.

Siguiendo estas líneas encontrarás que el descanso y el poder son idénticos; y así obtienes el Nuevo Pensamiento real que crece en novedad cada día.

CAPÍTULO 8

EL DESENLACE DEL PROCESO CREATIVO

Entonces, surge la pregunta: ¿cuál debería ser lógicamente el desenlace de la progresión que hemos estado considerando? Recapitulemos brevemente los pasos de la serie. El Espíritu Universal, mediante la autocontemplación, hace evolucionar la Sustancia Universal. A partir de ella, produce la creación cósmica como la expresión de sí mismo, funcionando en el tiempo y el espacio. Luego de este movimiento inicial, procede a modos más altamente especializados de autocontemplación en una escala continuamente ascendente, por la sencilla razón de que la autocontemplación no admite límites y, por lo tanto, cada etapa de autorreconocimiento no puede ser otra que el punto de partida para un modo aún más avanzado de autocontemplación, y así sucesivamente hasta el infinito. De este modo, hay un progreso continuo hacia formas de vida cada vez más especializadas, lo que implica una mayor libertad y un ámbito más amplio de disfrute, como la capacidad de la vida individual corresponde a un grado más alto de la contemplación del Espíritu; de este modo, la evolución continúa hasta que llega a un nivel en el que es imposible ir más allá, excepto por el ejercicio de la selección y la iniciativa consciente por parte del individuo, mientras que, al mismo tiempo, se ajusta a los principios universales de los cuales la evolución es la expresión.

Ahora, hazte la siguiente pregunta, ¿de qué manera la iniciativa y la selección individual podrían actuar como expresión del propio Espíritu Originario? Dado el conocimiento por parte del individuo de que es capaz, por su poder de iniciativa y selección, de recurrir directamente al Espíritu de Vida Todo-originario, entonces ¿qué motivo podría tener para no hacerlo? Por lo tanto, si se le concediera un reconocimiento tan perfecto, encontraríamos que el individuo ocupa precisamente el mismo lugar, con respecto a su propio mundo individual, que el Espíritu Todo-originario ocupa en el cosmos; sujeto solo a la misma Ley de Amor, Belleza, etc., que encontramos que necesariamente es inherente en el Espíritu Creativo - una similitud que evitaría por completo que el individuo ejerciera sus poderes ilimitados en cualquier tipo de antagonismo con el Espíritu del Gran todo.

Al mismo tiempo, el individuo sería bastante consciente de que él no era el Espíritu Universal en persona propia, sino que le daba expresión a través de su individualidad. Ahora bien, la expresión es imposible excepto a través de la Forma, por lo tanto, la forma de algún tipo es una necesidad de la individualidad. Es justo aquí, entonces, que encontramos la importancia de ese principio de Armonía con el entorno del que hablé antes, el principio según el cual una persona que hubiera obtenido el completo control de la materia, si quisiera transportarse a algún otro planeta, aparecería allí en perfecta conformidad con todas las leyes de la materia que se dieran en ese mundo; aunque, por supuesto, sin estar sujeto a ninguna limitación del Principio de Vida en él mismo. Él exhibiría las leyes de la materia perfectas como son hechas por la Ley de la Vida Originaria. Pero si alguien que ahora vive en esta tierra, realizara perfectamente la Ley de la Vida, estaría exactamente en la misma posición que nuestro visitante imaginario en otro planeta; en otras palabras, el desenlace de la Ley de la Vida no es la destitución del cuerpo, sino su inclusión como parte de la vida consciente del Espíritu.

Esto no implica ninguna diferencia en la estructura molecular del cuerpo con respecto a la de otros individuos, ya que, por el principio de Armonía, del cual acabo de hablar, se formaría en estricta conformidad con las leyes de la materia en el planeta en particular; aunque no estaría sujeto a las limitaciones resultantes de la falta de reconocimiento del poder del Espíritu, por parte del individuo promedio. El individuo que entrara así completamente en el Quinto Reino reconocería que, en su relación con los modos más densos de la materia, su cuerpo era de un modo denso similar. Esa sería su relación con el entorno externo como lo ven los demás. Pero como el individuo ahora sabría que no pertenecía a estos modos más densos de manifestación, sino como una individualización del Espíritu Primario, vería que relativamente a él mismo, toda la materia era Sustancia Primaria y que, desde este punto de vista, cualquier condensación de esa sustancia en átomos, moléculas, tejidos y similares, no contaban para nada - para él, el cuerpo sería simplemente Sustancia Primaria completamente receptiva a su voluntad. Sin embargo, su reverencia por la Ley de la Armonía evitaría cualquier disposición a jugar bromas psíquicas con ella, y él usaría su poder sobre el cuerpo solo para satisfacer las necesidades actuales.

De esta manera, llegamos a la conclusión de que la vida eterna en un cuerpo físico inmortal es el desenlace lógico de nuestra evolución; y si reflexionamos que, según las condiciones del caso, los dueños de tales cuerpos podrían transportarse a voluntad a otros mundos o sacarse el cuerpo físico por completo y permanecer en la vida puramente subjetiva, mientras siguen conservando el poder de revestirse en la carne cuando lo deseen, veremos que este desenlace de la evolución responde a todas las preguntas posibles sobre el aumento de la raza, la destrucción final del planeta y otras cosas por el estilo.

Esto es, entonces, lo último que debemos tener a la vista; pero el hecho es que, aunque puede haber algunos ocultos por ahí, quienes lo han logrado, la mayor parte de la humanidad no lo ha hecho, y que la suerte común de la humanidad es pasar por el cambio que llamamos muerte. En términos filosóficos generales, la muerte puede describirse como el retiro de la vida hacia la conciencia subjetiva, con exclusión total de la conciencia objetiva. Luego, por la ley general de la relación entre la mente subjetiva y la objetiva, la mente subjetiva separada de su correspondiente mentalidad objetiva, no tiene medios para adquirir nuevas impresiones por su propia cuenta y, por lo tanto, solo puede hacer ajustes en aquellas impresiones que ha traído consigo de su vida pasada. Pero estas pueden ser de tipos muy diversos, desde las más bajas a las más elevadas, desde las más opuestas a ese destino último del individuo, que acabamos de considerar, hasta las que reconocen en gran medida sus posibilidades y que requieren solo un poco más para lograr la plena realización de la vida perfeccionada. Sin embargo, por muy diversas que sean sus experiencias, todos los que han pasado por la muerte deben tener en común que han perdido su instrumento físico de percepción objetiva y, por lo tanto, su modo de conciencia está determinado completamente por el modo de sugestión dominante que han traído consigo desde el lado objetivo de la vida. Por supuesto, si la mentalidad objetiva también fuera traída, esto le daría al individuo el mismo poder de iniciativa y selección que posee mientras está en el cuerpo y, como veremos más adelante, este es el caso de algunas personas excepcionales; pero para la gran mayoría, el cerebro físico es una necesidad para el funcionamiento de la mentalidad objetiva, entonces, cuando se les priva de este instrumento, su vida se vuelve puramente subjetiva y es una especie de vida de sueño, solo con una gran diferencia entre dos clases de soñadores: aquellos que sueñan como deben y los que sueñan como quieren. Los primeros son los que se han esclavizado de diversas maneras a su mentalidad inferior, algunos trayendo consigo el recuerdo de crímenes no perdonados, otros trayendo la idea de una vida meramente animal, otros menos degradados, pero aún en la esclavitud del pensamiento limitado, trayendo consigo solo la sugestión de una vida mundana frívola; de esta manera, por la operación natural de la Ley de la Sugestión, estas diferentes clases, ya sea por remordimiento o por deseos insatisfechos, o por la pura incapacidad de comprender los principios más elevados, permanecen atados a la tierra, sufriendo en exacta correspondencia con la naturaleza de la sugestión que han traído consigo. La Ley inmutable es que la sugestión se convierte en la vida; y esto es igualmente cierto para las sugestiones de un tipo más feliz. Aquellos que han traído consigo la gran verdad de que las condiciones son creaciones del pensamiento y quienes, mientras están en la vida objetiva, se han acostumbrado a habitar en ideas buenas y hermosas, por estar imbuidos con esta sugestión, son capaces de moldear las condiciones de su conciencia en el mundo subjetivo de acuerdo con el tipo de ideas que se han convertido en una segunda naturaleza para ellos. Dentro de los límites de estas ideas, la sugestión dominante para estas entidades es la de una Ley que confiere libertad, por lo que, utilizando esta Ley del poder constructivo del pensamiento, ellos pueden determinar las condiciones de su propia conciencia; y así, en lugar de verse obligados a sufrir los sueños de pesadilla de la otra clase, ellos pueden moldear su sueño según su voluntad. No podemos concebir una vida como la de ellos en lo invisible que no sea feliz, sin embargo, su alcance está limitado por el alcance de las concepciones que han traído consigo. Estas concepciones pueden ser sumamente hermosas y completamente verdaderas y lógicas hasta cierto punto; pero no llegan hasta el final, de lo contrario, estos espíritus no estarían en la categoría que estamos considerando, sino que pertenecerían a esa clase aún más elevada que realiza plenamente las posibilidades últimas que brinda la Ley de la Expresión del Espíritu.

La feliz vida subjetiva de estas almas·más iluminadas, tiene este defecto radical: que no lograron traer consigo ese poder de iniciativa y selección original, sin el cual es imposible el progreso posterior. Deseo que el estudiante entienda este punto muy claramente, ya que es de suma importancia. Por supuesto, la base de nuestra evolución posterior es la conformidad con la naturaleza armoniosa del Espíritu Originario; pero sobre esta base cada uno de nosotros debe construir la superestructura de su propia individualidad, y cada paso de avance depende de nuestro desarrollo personal de poder para dar ese paso. Esto es lo que significa tomar una iniciativa. Es hacer una Nueva Partida, no simplemente recombinar cosas antiguas en nuevas agrupaciones aún sujetas a las antiguas leyes, sino introducir un elemento completamente nuevo que traerá consigo su propia Ley Nueva.

Ahora bien, si éste es el verdadero significado de "iniciativa", entonces ése es justamente el poder que estas almas felices no poseen. Porque, por las mismas condiciones del caso, ellos viven solo en su conciencia subjetiva y, por consiguiente, viven según la ley de la mente subjetiva; y una de las características principales de la mente subjetiva es su incapacidad para razonar de manera inductiva y, por lo tanto, su incapacidad para hacer la selección y tomar la iniciativa necesaria para inaugurar una Nueva Partida. Los hechos bien establecidos de la ley mental, muestran de manera concluyente que la mente subjetiva argumenta solo deductivamente. Argumenta correctamente desde cualquier premisa dada, pero no puede tomar la iniciativa en la selección de las premisas, eso es la provincia del razonamiento inductivo, que es esencialmente la función de la mente objetiva. Pero, por la ley de la autosugestión, este individuo desencarnado ha traído consigo sus premisas, que son la suma total de sus inducciones hechas durante la vida objetiva, la concepción de las cosas que tenía en el momento en que partió, ya que eso constituía su idea de la Verdad. Ahora no puede agregar a estas inducciones, ya que se ha separado de su instrumento para el razonamiento inductivo y, por lo tanto, su razonamiento deductivo en el estado puramente subjetivo en el que ahora ha entrado, está necesariamente limitado a las consecuencias que pueden deducirse de las premisas que trajo consigo.

En el caso de las individualidades altamente desarrolladas que estamos considerando, las premisas así traídas son de un carácter muy amplio y hermoso, en consecuencia, el rango de su vida subjetiva es correspondientemente amplio y hermoso; sin embargo, está sujeta al defecto radical de que está impedida de seguir progresando por la sencilla razón de que el individuo no ha traído consigo la facultad mental que puede impresionar su entidad subjetiva con el requerido movimiento de avance para hacer una nueva partida hacia un Nuevo Orden. Además, cuanto más elevado sea el desarrollo subjetivo con el que el individuo partió, más probable será que se dé cuente de este defecto. Si durante la vida terrenal adquirió suficiente conocimiento de estas cosas, llevará consigo el conocimiento de que su existencia desencarnada es puramente subjetiva y, por lo tanto, se dará cuenta de que, por más que pueda ordenar las imágenes de su sueño, éste no deja de ser un sueño y, en común con todos los demás sueños, carece de la base de solidez desde la cual tomar realmente una acción creativa.

También sabe que la condición de otras individualidades desencarnadas es similar a la suya y que, en consecuencia, cada una de ellas necesariamente debe vivir en un mundo aparte, un mundo de su propia creación, porque ninguna de ellas posee la mentalidad objetiva por la cual dirigir sus corrientes subjetivas para hacerlas penetrar en la esfera de otra entidad subjetiva, que es el modus operandi de la telepatía. Así, es consciente de su propia incapacidad para mantener relaciones con otras personalidades, porque, aunque por su propio placer puede crear la apariencia de ello en su vida de ensueño, sabe que son creaciones de su propia mente, y que mientras parece estar conversando con un amigo en medio del entorno más encantador, el amigo puede estar teniendo experiencias de una clase muy diferente. Por supuesto, estoy hablando ahora de personas que han partido en un estado de desarrollo muy elevado y con un conocimiento muy considerable, aunque todavía imperfecto, de la Ley de su propio ser. Probablemente la mayoría toma su vida de ensueño por una realidad externa y, en cualquier caso, todos los que partieron sin llevar consigo su mentalidad objetiva, deben estar encerrados en sus esferas subjetivas individuales y dejan de funcionar como centros de poder creativo mientras no salgan de ese estado.

Pero los individuos altamente avanzados de los que estoy hablando ahora, han partido con un verdadero conocimiento de la Ley de la relación entre la mente subjetiva y la objetiva y, por lo tanto, han traído consigo un conocimiento subjetivo de esta verdad; y aunque, en cierto sentido sean felices, aun así, deben ser conscientes de una limitación fundamental que impide su posterior avance. Y esta conciencia puede producir solo un resultado, un anhelo cada vez mayor por eliminar esta limitación, y esto representa el intenso deseo del Espíritu, como individualizado en estas almas, de alcanzar las condiciones bajo las cuales puede ejercer libremente su poder creativo. Subconscientemente, este es el deseo de todas las almas, porque es ese continuo empuje del Espíritu por la manifestación, de la cual surge todo el Proceso Creativo; y así es como el gran grito perpetuamente asciende a Dios desde todas las almas aún no liberadas, ya sea dentro o fuera del cuerpo, por la salvación que conscientemente o inconscientemente desean.

Todo esto surge de los hechos bien comprobados de la ley de la relación entre la mente subjetiva y la mente objetiva. Luego viene la pregunta: ¿no hay forma de salir de esta ley? La respuesta es que nunca podemos alejarnos de los principios universales, pero podemos especializarlos. Podemos tomar como un axioma que cualquier ley que parece limitarnos contiene en sí misma el principio por el cual se puede superar esa limitación, al igual que en el caso de la flotación del hierro. En este axioma, entonces, encontraremos la pista que nos sacará del laberinto. La misma ley que impone diversos grados de limitación a las almas que han partido a lo invisible, puede aplicarse de tal manera que los libere. Hemos visto que toda gira en torno a la obligación de nuestra parte subjetiva de actuar dentro de los límites de la sugestión que ha sido más profundamente impresa en ella. Entonces, ¿por qué no impresionar en la sugestión que al pasar al otro lado se lleva consigo su mentalidad objetiva?

Si tal sugestión se imprimiera efectivamente en nuestra mente subjetiva, entonces, por la ley fundamental de nuestra naturaleza, nuestra mente subjetiva actuaría en estricta conformidad con esta sugestión, con el resultado de que la mente objetiva ya no estaría separada de ella y que debemos llevar con nosotros a lo invisible toda nuestra mentalidad, tanto subjetiva como objetiva y así poder ejercer nuestros poderes inductivos de selección e iniciativa tanto allí como aquí.

¿Por qué no? La respuesta es que no podemos aceptar ninguna sugestión a menos que creamos que es verdadera y, para creer que es verdadera, debemos sentir que tenemos una base sólida para nuestra creencia. De modo que, si podemos encontrar suficiente fundamento para imprimir adecuadamente esta sugestión sobre nosotros mismos, entonces los principios de la ley mental nos aseguran que llevaremos a lo invisible nuestra facultad objetiva de iniciativa y selección. Por lo tanto, nuestra misión es encontrar este Fundamento. Pero, ya que no podemos aceptar como verdad lo que creemos que es contrario a la ley última del universo, si hemos de encontrar tal fundamento, debe estar dentro de esa Ley; y es por esta razón que he puesto mucho énfasis en el Estándar Normal de la Individualidad Humana. Cuando estamos convencidos de que esta completitud ideal es bastante normal y es un hecho espiritual, no depende del cuerpo, sino que es capaz de controlar el cuerpo, entonces tenemos la base sólida sobre la cual llevar nuestra personalidad objetiva con nosotros a lo invisible, y las leyes bien establecidas de nuestra constitución mental justifican la creencia de que podemos hacerlo.

A partir de estas consideraciones, es obvio que quienes parten así en posesión de su mentalidad completa, deben estar en una posición muy diferente de aquellos que parten a una condición de vida meramente subjetiva, ya que han llevado consigo sus poderes de selección e iniciativa y, por lo tanto, pueden emplear sus experiencias en lo invisible como un punto de partida para un desarrollo aún mayor. Ahora surge la pregunta: ¿Qué líneas es probable que siga este mayor desarrollo?

Ahora estamos considerando el caso de personas que han alcanzado un grado de desarrollo muy elevado; quienes han logrado unir tan completamente las porciones subjetivas y objetivas de su ser espiritual en un Todo perfecto que nunca más podrán separarse, y quienes, por lo tanto, son capaces de funcionar con toda su conciencia en el plano espiritual. Sin duda, tales personas serán conscientes de que han alcanzado este grado de desarrollo por la Ley del Proceso Creativo trabajando en términos de su propia individualidad, por lo que, naturalmente, siempre se referirán a la Creación Cósmica original como la demostración del principio que deben especializar para su propia evolución posterior. Entonces descubrirán que el principio implicado es el de la manifestación del Espíritu en la Forma; y verían además que esta manifestación no es una ilusión sino una realidad, por la sencilla razón de que tanto la mente como la materia son proyecciones del Gran Espíritu Originario. Ambos son pensamientos de la Mente Divina y es imposible concebir una realidad mayor que el Pensamiento Divino o llegar a una fuente de realidad más sustancial que esa. Incluso si nos imaginamos que la Mente Divina se ríe de sus producciones como simples ilusiones en relación con ella misma (lo que ciertamente no es el caso), aun así, la relación entre la mente individual y la existencia material sería una realidad para el individuo, en el simple fundamento matemático de que los signos iguales multiplicados juntos invariablemente producen un resultado positivo, aunque los signos en sí mismos sean negativos; de modo que, para nosotros, en cada etapa de nuestra existencia, la sustancia debe ser siempre una realidad así como la mente. Por lo tanto, la manifestación del Espíritu en la Forma es el principio eterno del Proceso Creativo, ya sea en la evolución de un sistema-mundo o en la de un individuo.

No obstante, cuando nos damos cuenta de que, por la naturaleza del Proceso Creativo, la sustancia debe ser una verdad eterna, no debemos suponer que esto también es verdad de las formas particulares o de los modos particulares de la materia. La sustancia es una necesidad para la expresión del Espíritu, pero no significa que el Espíritu esté atado a un modo particular de expresión. Si doblas un pedazo de papel en forma de dardo, volará por el aire según la ley de la forma que le has dado. Nuevamente, si tomas el mismo trozo de papel y lo doblas en la forma de un bote, flotará en el agua según la ley de la nueva forma que le has dado. La cosa formada actuará de acuerdo con la forma que se le haya dado, y el mismo papel puede ser doblado en diferentes formas; pero si no hubiera papel, no podrías darle ninguna forma en absoluto. El dardo y el bote son reales mientras se mantenga el papel en cualquiera de esas formas; pero esto no altera el hecho de que puedes cambiar las formas, sin embargo, tu poder para hacerlo depende de la existencia del papel. Esta es una simple analogía de la relación entre la sustancia última y las formas particulares, y nos muestra que ni la sustancia ni la forma son una ilusión, ambas son esenciales para la manifestación del

Espíritu, solo que, por la naturaleza del Proceso Creativo, el Espíritu tiene poder para determinar qué forma tomará la sustancia en cualquier momento en particular.

Por consiguiente, encontramos la gran Ley que, como el Espíritu es el Alfa del Proceso Creativo, la Forma material sólida es su Omega; en otras palabras, la serie creativa está incompleta hasta que se alcanza la forma material sólida. Cualquier cosa menos que esto, es una condición de incompletitud y, por lo tanto, las almas iluminadas que no han partido en posesión de ambos lados de su mentalidad, se darán cuenta de que su condición, por bienaventurada que sea, sigue siendo una condición incompleta; y que lo que se requiere para que sea completa es la expresión a través de un cuerpo material. Esta es entonces, la dirección en la que tales almas utilizarían sus poderes de iniciativa y selección como la verdadera línea de evolución; en pocas palabras, se darían cuenta de que el principio de Progresión Creativa, cuando alcanza el nivel del ser mental plenamente desarrollado, necesariamente implica la Resurrección del Cuerpo, y que cualquier cosa menos que esto sería retroceso y no progreso.

Al mismo tiempo, las personas que partieran con este conocimiento nunca supondrían que la Resurrección significaba simplemente la resucitación del antiguo cuerpo bajo las condiciones antiguas, porque verían que la misma ley inherente, la cual hace que la expresión en la sustancia concreta sea lo último de la serie creativa, también hace que esta forma última dependa del movimiento originario del espíritu que la produce y, por lo tanto, aunque alguna forma concreta es esencial para la manifestación completa y es una realidad sustancial mientras se mantiene, no obstante, el mantenimiento de la forma particular depende completamente de la acción del espíritu del cual la forma es la vestimenta externa.

Este cuerpo de resurrección no sería una simple forma-espíritu ilusoria, sin embargo, no estaría sujeto a las limitaciones de la materia como la conocemos ahora: aun seguiría siendo materia física, pero completamente sujeta a la voluntad del espíritu residente, lo que no consideraría las relaciones atómicas más densas del cuerpo, sino solo su naturaleza absoluta y esencial como Sustancia Primaria. Quiero que el alumno capte la idea de que la misma cosa puede ser muy diferente cuando se mira, por así decirlo, desde los extremos opuestos del palo. Lo que es materia molecular sólida cuando se ve desde el exterior, es sustancia primaria plástica cuando se ve desde el interior. Las relaciones de este nuevo cuerpo con cualquier estímulo proveniente del exterior serían las de las leyes externas de la Naturaleza; pero su relación con el ego espiritual trabajando desde el interior sería la de una sustancia plástica que se moldearía a voluntad. No obstante, el empleo de tal poder se basaría en todo momento en la reverente adoración al Espíritu Todo-creador y, por lo tanto, nunca se ejercería de otra manera que no sea de acuerdo con el armonioso progreso del Proceso Creativo. Continuando en estas líneas, el espíritu en el individuo permanecería precisamente en la misma relación con su cuerpo que el Espíritu Todo-originario con el cosmos.

Este es el tipo de cuerpo que el instruido contemplaría como aquel en el cual debería alcanzar la resurrección. Lo consideraría, no como una ilusión, sino como una gran realidad; mientras que, al mismo tiempo, no tendría que preocuparse por su forma particular, ya que sabría que sería la expresión perfecta de su propia concepción de sí mismo. Él lo sabría porque está de acuerdo con el principio fundamental de que la creación externa tiene su raíz en la autocontemplación del Espíritu.

Aquellos que parten con este conocimiento, obviamente estarían en una posición muy diferente de aquellos que parten solo con una conciencia subjetiva. Ellos llevarían consigo poderes de selección e iniciativa mediante los cuales podrían seguir imprimiendo concepciones nuevas y expansivas en su mente subjetiva y así, hacer que continúe su trabajo como semilla de toda la individualidad, en lugar de encerrarse en sí mismo como un simple círculo para la repetición de ideas recibidas previamente; de este modo, en su reconocimiento del principio de la resurrección física, tendrían una línea clara y definida de autosugestión. Y como esta sugestión se deriva de los innegables hechos de toda la creación cósmica, es una que tanto la mente subjetiva como la mente objetiva pueden aceptar como un hecho establecido, y así la sugestión se hace efectiva. Esta sugestión, entonces, se convierte en la autocontemplación del espíritu individual; y como está en estricta conformidad con el principio genérico de la Actividad Creativa Original, de la cual la mente individual es en sí misma un producto, esto también se convierte en la autocontemplación del Espíritu Original como viéndose a sí mismo reflejado en el espíritu individual; de modo que, según la ley básica del Proceso Creativo, esta sugestión está obligada, tarde o temprano, a trabajar en su hecho correspondiente, es decir, la producción de un cuerpo material libre del poder de la muerte y de todas las limitaciones que ahora asociamos con nuestro organismo físico.

Esta es, entonces, la esperanza de aquellos que parten en reconocimiento de la gran verdad. Pero ¿qué hay de aquellos que han partido sin ese reconocimiento? Hemos visto que su condición puramente subjetiva les impide tomar cualquier iniciativa por su propia cuenta, ya que requiere la presencia de una mente objetiva. Su mente subjetiva, sin embargo, todavía conserva su naturaleza esencial, es decir, sigue siendo susceptible a la sugestión y aún posee su creatividad inherente para llevar a cabo cualquier sugestión que esté lo suficientemente implantada en ella. Aquí, entonces, se abre un vasto campo de actividad para esa otra clase que ha partido en posesión de ambos lados de su mentalidad. Por medio de sus poderes de iniciativa y selección, según el principio de la telepatía, pueden hacer que su propia mente subjetiva penetre en las esferas subjetivas de aquellos que no poseen esos poderes, y así pueden intentar impresionarles la gran verdad de la culminación física del Proceso Creativo, la verdad de que, cualquier serie que no llegue a ese final está incompleta y si se insiste en que es lo último, debe volverse autodestructiva porque se opone al funcionamiento inherente del Espíritu Creativo Universal. Entonces, a medida que la percepción de la verdadera naturaleza del Proceso Creativo surgiera sobre cualquier entidad subjetiva, aceptando esta sugerencia comenzaría a desarrollar una mentalidad objetiva y así alcanzaría gradualmente el mismo estado que aquellos que han pasado al otro lado en plena posesión de todos sus poderes mentales.

Pero, cuanto más se desarrolle la mentalidad objetiva en estas personalidades desencarnadas, mayor sería la necesidad de un instrumento físico correspondiente, tanto desde su percepción intelectual del proceso cósmico original, como también de la energía inherente del Espíritu centrada en el ego último del individuo. No buscar la manifestación material sería lo contrario de todo lo que hemos trazado con respecto a la naturaleza del Proceso Creativo y, por lo tanto, la ley de tendencia, resultante de la unión consciente de la mente subjetiva y la mente objetiva en el individuo, debe ser necesariamente hacia la producción de una forma física. Solo que debemos recordar, como ya he señalado, que esta concentración de estas mentes sería sobre un principio y no sobre una forma corporal particular. La forma particular se contentaría con dejarla a la autoexpresividad inherente del Espíritu Universal trabajando a través del ego particular, con el resultado de que su expectativa se fijaría en un principio general de Resurrección física, que proporcionaría una forma adecuada para ser el instrumento material del ideal más elevado del individuo como ser espiritual y mental. Luego, dado que la mente subjetiva es el constructor automático del cuerpo, el resultado de la aceptación del principio de Resurrección por parte del individuo, debe ser que esta concepción mental eventualmente se traduciría en un hecho correspondiente. Ya sea en este planeta o en algún otro, no importa, ya que, como ya hemos visto, el cuerpo físico evolucionado por un alma que es consciente de su unidad con el Espíritu Universal, está destinado a estar en conformidad con las leyes físicas de cualquier planeta, aunque desde el punto de vista del ego consciente no está limitado por ellas.

De esta manera, podemos concebir que aquellos que han partido con la posesión de ambos lados de su naturaleza espiritual, encontrarían un glorioso campo de utilidad en lo invisible para ayudar a emancipar a aquellos que han partido en posesión solamente de su lado subjetivo. Pero, de nuestro análisis actual, se verá que esto solo puede efectuarse sobre la base de un reconocimiento del principio de la Resurrección del cuerpo. Aparte del reconocimiento de este principio, la única concepción posible que el individuo desencarnado podría formar de sí mismo, sería la de un ser puramente subjetivo, y esto conlleva todas las limitaciones de una vida subjetiva desequilibrada por una objetiva; y mientras se niegue el principio de la resurrección física, la vida debe seguir siendo meramente subjetiva y, por consiguiente, no progresiva.

Es posible preguntarse por qué aquellos que han reconocido este gran principio lo suficiente como para llevar su mentalidad objetiva al estado invisible, están sujetos al cambio que llamamos muerte. La respuesta es que, aunque han reconocido el principio general, aun no se han despojado de ciertas concepciones que lo limitan y, en consecuencia, por la ley de la mente subjetiva llevan esas limitaciones al funcionamiento del propio principio de Resurrección.

Ellos están limitados por la creencia-racial de que la muerte física, bajo todas las condiciones, es una ley necesaria de la Naturaleza, o por la creencia teológica de que la muerte es la voluntad de Dios; por lo tanto, la pregunta es si estas creencias están bien fundadas. Por supuesto, se apela a la experiencia universal, pero no se deduce que la experiencia universal del pasado esté destinada a ser la experiencia universal del futuro; la experiencia universal del pasado fue que ninguna persona había volado nunca a través del Canal de la Mancha, sin embargo, ahora se ha hecho. Lo que tenemos que hacer, por lo tanto, no es preocuparnos por la experiencia pasada, sino examinar la naturaleza inherente de la Ley de Vida y ver si no contiene posibilidades de un mayor desarrollo. Y el primer paso en esta dirección es ver si lo que hasta ahora hemos considerado las limitaciones de la ley, son realmente partes integrales de la ley en sí. La declaración misma de esta pregunta nos muestra la respuesta correcta; pues ¿cómo puede una fuerza que actúa en una dirección ser parte integral de una fuerza que actúa en la dirección opuesta? ¿Cómo puede la fuerza que destruye algo ser parte integral de la fuerza que construye? Suponer que las limitaciones de la ley son una parte integral de la ley en sí misma es una 'reducción al absurdo'.

Por estas razones, el argumento de la experiencia pasada de la raza no cuenta para nada; y cuando examinamos el argumento teológico, vemos que es solo el antiguo argumento de la experiencia pasada con otro atuendo. Se afirma que la muerte es la voluntad de Dios. ¿Cómo sabemos que es la voluntad de Dios? Porque los hechos lo demuestran, es la respuesta definitiva de todos los sistemas religiosos con una excepción; así que aquí volvemos a la antigua experiencia-racial como el criterio de la verdad. Por lo tanto, el argumento teológico no es más que el argumento materialista disfrazado. En nuestra aceptación más o menos consciente del argumento materialista, bajo cualquiera de sus muchos disfraces, es donde se encuentra la limitación de la vida, no en la Ley de la Vida en sí; y si hemos de llevar a la manifestación las infinitas posibilidades latentes en esa Ley, solo puede ser observando constantemente el principio de la Ley y negando resueltamente todo lo que se opone a ella. El Principio de Vida debe necesariamente ser afirmativo, y completamente afirmativo, sin ninguna negativa en ninguna parte; si reconocemos esto, podremos desenmascarar al enemigo y silenciar sus armas.

Ahora bien, hacer esto es precisamente el único objetivo de la Biblia; y lo hace de una manera completamente lógica, siempre conduciendo al resultado final mediante sucesivos eslabones de causa y efecto. La gente te dirá que la Biblia es su autoridad para decir que la muerte es la voluntad de Dios; pero estas son personas que la leen descuidadamente y, en última instancia, la única razón que pueden dar para su forma de interpretar la Biblia es que los hechos demuestran que su interpretación es correcta; de modo que, en última instancia, siempre encontrarás que has regresado al antiguo argumento materialista de la experiencia-racial pasada, lo que lógicamente no prueba nada. Estas son personas bien intencionadas con una idea limitada que leen en la Biblia y, por lo tanto, limitan sus promesas al hacer de la muerte física un preliminar esencial para la Resurrección. Por supuesto, ellos captan la gran idea central de que el Individuo Perfeccionado posee una feliz vida inmortal permeando el espíritu, el alma y el cuerpo; pero lo relegan a un futuro oscuro y distante, completamente desconectado de la presente ley de nuestro ser, sin ver que, si hemos de tener vida eterna, ésta debe estar necesariamente implicada en algún principio que es eterno y por lo tanto existente, por lo menos en forma latente, en el momento presente. De modo que, aunque su principio fundamental es verdadero, todo el tiempo lo están limitando mentalmente, con el resultado de que ellos mismos crean las condiciones que le imponen y, por consiguiente, el principio funcionará (como lo hacen siempre los principios) de acuerdo con las condiciones establecidas para su acción.

Por esta razón, a menos que esta creencia limitante sea erradicada completamente, el individuo, aunque reconozca el principio fundamental de Vida, está destinado a partir de la existencia física; pero, por otro lado, dado que él lleva consigo el reconocimiento de este principio fundamental, está destinado a dar frutos tarde o temprano en una feliz Resurrección, mientras que el estado intermedio solo puede ser una pacífica anticipación de ese evento supremo. Esta es la respuesta a la pregunta de por qué aquellos que han reconocido el gran principio lo suficiente como para llevar su mentalidad objetiva al mundo invisible todavía están sujetos a la muerte física; y en el análisis último se encontrará que se resuelve en los restos de la creencia-racial basada en la experiencia pasada. Estos son aquellos que parten con la esperanza cierta y segura de una gloriosa Resurrección, cierta y segura porque se basa en el propio Ser de Dios, esa Vida inherente del Espíritu Divino

Todo-creador y que es la perpetua interacción del Amor y la Belleza Eternos. Ellos han captado la Verdad vivificante, solo que han pospuesto su operación, porque tienen la idea fija de que su realización actual es una imposibilidad absoluta.

Pero si preguntamos la razón de esta idea, siempre se remite al antiguo argumento materialista de la experiencia de las condiciones pasadas, mientras que toda la naturaleza del avance está en la apertura de nuevas condiciones. Y en este avance, la Biblia es el libro pionero. Todo su propósito es decirnos enfáticamente que la muerte no es la voluntad de Dios. En la historia del Edén se representa a Dios como advirtiendo al hombre sobre la naturaleza venenosa del fruto prohibido, lo cual es incompatible con la idea de la muerte como una característica esencial de la naturaleza del hombre. Luego, a partir del momento en que el hombre ha tomado el veneno, todo el resto de la Biblia se dedica a decirnos cómo librarnos de él. Se nos dice que Cristo fue manifestado para sacar a luz la vida y la inmortalidad, para abolir la muerte, para destruir las obras del diablo, que es el poder de la muerte, porque "el que tiene el poder de la muerte es el diablo". Es imposible reconciliar esta concepción dadora de vida de la Biblia, con la idea de que la muerte, en cualquier etapa o en cualquier grado, es el deseo de Dios. Por lo tanto, comencemos con el reconocimiento de que esta fuerza negativa, ya sea en sus grados menores como enfermedad, o en su culminación como la muerte, es aquello que Dios tiene la voluntad de abolir. Esto también es lógico, porque si Dios es el Espíritu Universal de Vida encontrando manifestación en las vidas individuales, ¿cómo puede ser el deseo de este Espíritu actuar en oposición a su propia manifestación? Por eso, tanto las Escrituras como el sentido común nos aseguran que la voluntad de Dios hacia nosotros es la Vida y no la muerte.

Por lo tanto, podemos iniciar nuestra búsqueda de la Vida con la feliz certeza de que Dios está de nuestro lado. Pero la gente nos enfrentará con la objeción de que, aunque Dios quiere la Vida para nosotros, él no lo hará todavía, sino solo en un oscuro y lejano futuro. ¿Cómo sabemos esto? Ciertamente no de la Biblia. En la Biblia, Jesús habla de dos clases de personas que creen en él como la Manifestación o la Individualización del Espíritu de Vida. Él habla de aquellos que, habiendo pasado por la muerte, aún creen en él y dice que éstos vivirán - un evento futuro. Y, al mismo tiempo, habla de aquellos que viven y creen en él, y dice que ellos nunca morirán, contemplando así la eliminación total de la contingencia de la muerte (Juan 11:25).

Asimismo, San Pablo expresa su deseo de no ser desvestido sino de ser vestido, lo que ciertamente no habría hecho si hubiera considerado la última alternativa como una fantasía absurda. Y, en otro lugar, afirma expresamente que no todos moriremos, sino que algunos serán transmutados en el cuerpo de la Resurrección sin pasar por la muerte física. Y si nos dirigimos al Antiguo Testamento, encontramos dos casos en los que se dice que esto realmente ocurrió, los de Enoc y Elías. Y podemos notar de paso que la Biblia llama nuestra atención a ciertos hechos acerca de estos dos personajes que son importantes para golpear la raíz de la noción de que las austeridades de algún tipo son necesarias para el gran logro. De Enoc, expresamente, se nos dice que él era el padre de una familia numerosa, y de Elías, que él era un hombre con una naturaleza similar a la nuestra, mostrándonos así que lo que se necesita no es que nos alejemos de la vida humana común, sino una realización tan clara del Principio Universal, del cual nuestra vida personal es la manifestación más o menos consciente, que nuestras acciones más comunes sean santificadas por la Presencia Divina; y así, el gran desenlace será solo el resultado natural de nuestro hábito diario de caminar con Dios. Desde el punto de vista de la Biblia, entonces, el logro de la regeneración física sin pasar por la muerte no es una imposibilidad, ni está necesariamente relegada a un futuro lejano. Aunque cualquiera pueda decir lo contrario, la Biblia contempla tal desenlace de la evolución humana como una posibilidad presente.

Ahora bien, si argumentamos desde el punto de vista filosófico, llegamos precisamente al mismo resultado. La experiencia pasada no prueba nada y, por lo tanto, debemos hacer un nuevo comienzo volviendo a la acción Creativa Original del propio Espíritu de Vida. Entonces, si tomamos esto como nuestro punto de partida, recordando que en la etapa de este movimiento original no puede haber intervención de un segundo poder, porque no hay ninguno, ¿por qué deberíamos mentalmente imponer alguna restricción sobre la acción del Poder Creativo? Ciertamente, no por su propia Ley de Tendencia, ya que ésta debe ser siempre hacia una autoexpresión más plena, y como esto solo puede tener lugar a través del individuo, el deseo del Espíritu debe ser siempre hacia el aumento de la vida individual. Tampoco a partir de algo en la sustancia creada, ya que eso sería suponer que el Espíritu crea algo en limitación de su propia Autoexpresión, o bien suponer que la sustancia limitante fue creada por algún otro poder que trabaja contra el Espíritu, y como esto significaría una Dualidad de poderes, no habríamos alcanzado el Poder Originario en absoluto, y así podríamos sacar al Espíritu y la Sustancia fuera de la corte, como siendo ambos simplemente modos de causación secundaria. Pero si vemos que la Sustancia Universal debe ser creada por emanación del Espíritu Universal, entonces vemos que no es posible ninguna limitación del Espíritu por la sustancia. Por lo tanto, podemos sentirnos seguros de que ninguna limitación procede de la voluntad del Espíritu ni de la naturaleza de la Sustancia. Entonces, ¿de dónde viene la limitación? Las condiciones limitantes son creadas por el mismo poder que crea todo lo demás, esto es, la autocontemplación del Espíritu. Por eso es tan importante reconocer que la mente individual forma un centro desde el cual la acción de autocontemplación del Espíritu se especializa en términos del modo de pensar propio del individuo, por lo tanto, mientras el individuo contemple las condiciones negativas como si fueran la esencia de su propia personalidad, en efecto, él está empleando el Poder Creativo de autocontemplación del Espíritu de forma invertida, destructivamente en lugar de constructivamente. La Ley de la autocontemplación del Espíritu como el Poder Creativo es tan verdadera en el microcosmos como en el macrocosmos, por lo que la autocontemplación del individuo como sujeto a la ley del pecado y la muerte lo mantiene sujeto a esa ley, mientras que la autocontemplación opuesta, la contemplación de sí mismo como regocijándose en la Vida del Espíritu, la Perfecta Ley de la Libertad, necesariamente debe producir los resultados opuestos.

¿Por qué, entonces, no debería lograrse la regeneración aquí y ahora? No veo ninguna razón contraria, ni bíblica ni filosófica, excepto nuestra propia dificultad para deshacernos de las tradiciones-raciales que están tan profundamente arraigadas en nuestras mentes subjetivas. Para deshacernos de ellas necesitamos una base firme sobre la cual recibir la sugestión opuesta. Necesitamos estar convencidos de que nuestro ideal de un ser regenerado está de acuerdo con el Estándar Normal de la Humanidad y está dentro del alcance de las leyes del universo. Ahora bien, todo el propósito de la

Biblia es aclararnos la infinitud del verdadero Estándar Normal de la Humanidad; y la Manifestación de este Estándar se establece ante nosotros en la Personalidad Central de las Escrituras, que es a la vez el Hijo de Dios y el Hijo del Hombre: la Gran Excepción, por así decirlo, al hombre tal como lo conocemos ahora, pero la excepción que confirma la regla. En la medida en que comenzamos a reconocer esto, comenzamos a introducir en nuestra propia vida la acción de ese Factor Personal del que depende todo el desarrollo posterior; y cuando nuestro reconocimiento sea completo, encontraremos que nosotros también somos hijos de Dios.

CAPÍTULO 9

CONCLUSIÓN

Ahora estamos en condiciones de ver el lugar que ocupa el individuo en el Orden Creativo. Hemos encontrado que la fuerza que origina y mantiene todo el Proceso Creativo es la autocontemplación del Espíritu, y que esto necesariamente produce un Recíproco correspondiente a la idea encarnada en la contemplación, manifestando así esa idea en una Forma correlativa. Hemos visto que de este modo la externalización de la idea progresa desde la condensación de la nebulosa primaria hasta la producción de seres humanos como raza, y que en este punto termina la simple reproducción genérica de la idea. Esto significa que hasta el género homo, e incluyendo éste, el individuo, ya sea planta, animal u hombre, es lo que es simplemente por razón de las condiciones de la raza y no por el ejercicio de una elección deliberada. Entonces, hemos visto que el siguiente paso en el avance necesariamente debe consistir en que el individuo se hace consciente de que tiene el poder de moldear las condiciones de su propia conciencia y de su entorno, mediante el poder creativo de su pensamiento; de este modo, no solo se le permite tomar parte consciente en su propia evolución posterior, sino que se le impide seguir evolucionando más allá, excepto mediante el ejercicio correcto de este poder; y hemos visto que lo esencial en el pasaje del Cuarto al Quinto Reino consiste en hacer que las personas comprendan la naturaleza de su poder creativo para que no lo utilicen destructivamente.

Ahora bien, lo que necesitamos ver es que el Proceso Creativo siempre tiene una sola forma de trabajar y es por Reciprocidad o Reflexión o, como podríamos decir, por la ley de Acción y Reacción, siendo la reacción siempre equivalente y correspondiente a la acción que la generó. Si se comprende esta Ley de Reciprocidad, se ve cómo el progreso del Proceso Creativo finalmente debe resultar en la producción de un ser que posea el poder de iniciativa espiritual independiente y que, por lo tanto, sea capaz de llevar a cabo el trabajo creativo desde el punto de vista de su propia individualidad.

En este punto el gran problema es, en primer lugar, lograr que las personas vean que poseen este poder y, a continuación, hacer que lo usen en la dirección correcta. Cuando nuestros ojos comienzan a abrirse a la verdad de que poseemos este poder, la tentación es ignorar el hecho de que nuestro poder de iniciativa es, en sí mismo, un producto del poder similar que subsiste en el Espíritu Todo-originario. Si este origen de nuestra propia facultad creativa se deja fuera de la vista, no reconoceremos la Vivencia de esa Vida Mayor en la que vivimos. Nunca nos acercaremos a ella más allá de lo que podemos llamar su nivel genérico, la etapa en la que el Poder Creativo cuida del tipo o la raza, pero no se ocupa del individuo; y así, en este nivel, nunca pasaremos al Quinto Reino que es el Reino de la Individualidad, habremos perdido todo el punto de la transición hacia el modo más avanzado del ser, en el que el individuo funciona conscientemente como un centro creativo, porque no tenemos la concepción de un Poder Universal que trabaje a un nivel más alto que el genérico y, en consecuencia, para alcanzar un ejercicio personal específico del poder creativo, tendríamos que concebirnos a nosotros mismos como trascendiendo la Ley Universal. Pero si nos damos cuenta de que nuestro propio poder de iniciativa creativa tiene su origen en la facultad similar de la Mente Todo-Originaria, entonces vemos que la manera de mantener la energía dadora de Vida en nosotros mismos es utilizar nuestro poder de iniciativa espiritual para impresionar sobre el Espíritu la concepción de que estamos relacionados con él de una manera específica, individual y personal que nos saca de la simple categoría del género Homo y nos da una individualidad espiritual específica propia. Así, nuestra acción mental produce una reacción correspondiente en la mente del Espíritu, que a su vez se reproduce como una manifestación especial de la Vida del Espíritu en nosotros, y mientras se mantenga esta circulación entre el espíritu individual y el Gran Espíritu, la vida individual se mantendrá y también se fortalecerá a medida que la circulación continúe, por la razón de que el Espíritu, como el Poder Creativo Original, es una Fuerza Multiplicadora y la corriente enviada a él se devuelve multiplicada, al igual que en la telegrafía, la débil corriente recibida desde una distancia en el extremo de una larga línea opera para poner en marcha una potente batería en la oficina receptora, que multiplica de tal manera la fuerza como para dar un mensaje claro, que no se habría podido lograr sin la multiplicación del movimiento original. Algo como esto podemos imaginar la tendencia multiplicadora de la Mente Originaria y, por consiguiente, cuanto más larga sea la circulación entre ella y la mente individual, más fuerte se volverá esta última, y este proceso que se vuelve habitual finalmente se vuelve automático, produciendo así un flujo interminable de Vida que se expande continuamente en inteligencia, amor, poder y alegría.

Pero debemos observar cuidadosamente que todo esto solo puede proceder del reconocimiento del individuo de que sus propios poderes son un derivado del Espíritu Todo-originario, y que pueden seguir utilizándose constructivamente solo mientras se empleen en armonía con el inherente Movimiento de Avance del Espíritu. Por lo tanto, para asegurar esta corriente de Vida que fluye eternamente desde el Espíritu Universal al individuo, no debe haber inversión en la presentación del individuo ante el Poder Originario, porque a través de la misma Ley por la cual buscamos Vida - la Vida específicamente, de acción y reacción reciproca - cada inversión que traemos con nosotros al presentarnos ante el Espíritu, está destinada a reproducirse fielmente en una reacción correspondiente, adulterando así el flujo de Vida Pura y haciéndolo menos vivificante, en proporción al grado en que invertimos la acción del principio de Vida; de modo que, en casos extremos, la corriente que fluye a través y desde el individuo puede volverse absolutamente venenosa y mortal, y mucho más mientras mayor sea su reconocimiento de su propio poder personal para emplear las fuerzas espirituales.

La existencia de estas posibilidades negativas en el mundo espiritual nunca debe pasarse por alto y, por lo tanto, la condición esencial para recibir la Plenitud Perfecta de Vida es que nos presentemos ante el Espíritu Eterno libres de todo rastro de inversión. Hacer esto significa presentarnos en la semejanza del Ideal Divino; y en esta autopresentación, en lo que respecta conscientemente al individuo, la iniciativa necesariamente debe ser tomada por él mismo. Él debe proyectar en la Mente Eterna la concepción de sí mismo como idéntica a su Ideal Eterno; y si él puede hacer esto, entonces, por la Ley del Proceso Creativo, una corriente de retorno fluirá desde la Mente Eterna reproduciendo esta imagen en el individuo con un poder en continuo crecimiento. La pregunta es ¿cómo haremos esto?

La respuesta es que para tomar la iniciativa de inducir este flujo de Vida individualmente, es imprescindible que las condiciones que nos permiten hacerlo se nos presenten primero de forma universal. Esto está de acuerdo con el principio general de que nunca podemos crear una fuerza, sino que solo podemos especializarla. Solo que aquí la fuerza que queremos especializar es la propia Fuerza de Especialización y, por lo tanto, por paradójico que parezca, lo que requerimos que se nos muestre es la Universalidad de la Especialización.

Ahora bien, esto es lo que la Biblia nos presenta en su figura central. Tomando las declaraciones bíblicas de manera simple y literal, nos muestran esta Personalidad única como el Principio de la Humanidad, tanto en su origen espiritual como en su manifestación material, llevados al extremo lógico de la especialización; mientras que, al mismo tiempo, como personificación de la polaridad original del Espíritu y la Sustancia, esta Personalidad, aunque única, es absolutamente universal; de modo que la Biblia pone a Jesucristo ante nosotros como la respuesta al problema filosófico de cómo especializar lo universal, preservando al mismo tiempo su universalidad.

Entonces, si fijamos nuestro pensamiento en esta Personalidad única como la encarnación de los principios universales, se deduce que esos principios también deben existir en nosotros mismos y que esa real especialización de ellos, es garantía de nuestra potencial especialización de ellos.

Entonces, si fijamos nuestro pensamiento en este potencial en nosotros mismos como siendo idéntico a su manifestación en él, lógicamente podemos reclamar nuestra identidad con él, de modo que lo que él ha hecho, lo que él es, nosotros somos, y así, reconociéndonos a nosotros mismos en él, presentamos esta imagen de nosotros mismos a la Mente Eterna, con el resultado de que no traemos ninguna inversión y, por lo tanto, no importamos una corriente negativa en nuestro flujo de Vida.

Así es como llegamos al "Padre" a través del "Hijo" y "él es capaz de guardarnos sin caída y presentarnos sin mancha delante de su gloria divina con gran alegría" (Judas 24). El Evangelio de "el Verbo hecho carne" no es la cantinela sin sentido de una secta insignificante, ni tampoco el artificio del sacerdocio, aunque haya sido distorsionado en ambas direcciones; sino que puede dar una razón de ser y se basa en las leyes más profundas de la triple constitución del ser humano, que abarca a todo el individuo, cuerpo, alma y espíritu. No se opone a la ciencia, sino que es la culminación de toda la ciencia, ya sea física o mental. Es completamente filosófico y lógico si comienzas el Proceso Creativo donde solo puede comenzar, en la autocontemplación del Espíritu. Cuanto más cuidadosamente examinemos las afirmaciones del Evangelio de Cristo, más encontraremos que todas las objeciones actuales se desvanecen y al mismo tiempo revelan su propia superficialidad. Descubriremos que Cristo, en efecto, es el Mediador entre Dios y el individuo, no por el mandato arbitrario de una Deidad caprichosa, sino por una ley lógica de secuencia que resuelve el problema de hacer que los extremos se encuentren, de modo que el Hijo del Hombre sea también el Hijo de Dios; y cuando vemos la razón por la cual esto es así, recibimos el poder para convertirnos en hijos de Dios, que es el desenlace del Proceso Creativo en el Individuo.

Estas líneas de cierre no son lugar para abordar un tema tan amplio, pero espero seguirlo en otro volumen y mostrar en detalle la lógica de la enseñanza bíblica, de qué nos salva y a qué nos conduce; mostrar, dando el debido peso al valor de otros sistemas, cómo difiere de ellos y los trasciende; echar un vistazo, quizás, a las indicaciones del futuro y tocar algunos de los peligros del presente y la forma de escapar de ellos. Tampoco quiero pasar por alto otro aspecto importante del Evangelio, contenido en el encargo de Cristo a sus seguidores de curar a los enfermos. Esto también se deduce lógicamente de la Ley del Proceso Creativo si rastreamos cuidadosamente la secuencia de conexión desde el Ego interno hasta el más externo de sus vehículos; el efecto del reconocimiento de estas grandes verdades sobre la individualidad que se ha despojado por un tiempo de su túnica de carne, abre un tema de enorme interés. Así es que, en todos los planos, Cristo es el cumplimiento de la Ley, y la "Salvación" no es una absurda consigna, sino el proceso lógico y vital de nuestro avance hacia el desarrollo de la siguiente etapa de las capacidades ilimitadas de nuestro ser. De estas cosas, espero escribir en otro volumen, si me lo permiten, y mientras tanto, entrego al lector la presente declaración abstracta de los principios, con la esperanza de que pueda arrojar algo de luz sobre la naturaleza fundamental de estos temas trascendentales. Lo más importante que hay que tener en cuenta es que, si una cosa es verdadera, debe haber una razón por la cual es verdadera, y cuando llegamos a ver esta razón, conocemos la verdad por nosotros mismos y no por el relato de otra persona, entonces se vuelve realmente nuestra y comenzamos a aprender a utilizarla. Este es el secreto del progreso del individuo en cualquier arte, ciencia o negocio, y el mismo método servirá igualmente bien en nuestra búsqueda de la Vida misma, y a medida que continuemos la gran búsqueda, encontraremos que en cada plano el Camino, la Verdad y la Vida son UNO.

Un poco de filosofía inclina la mente del individuo al ateísmo, pero profundizar en la filosofía lleva la mente del individuo a la religión. — Bacon.

CAPÍTULO 10

LA OFRENDA DIVINA

Aprovecho la presente oportunidad de una nueva edición, para agregar algunas páginas sobre ciertos puntos que me parecen de vital importancia, y cuya conexión con los capítulos anteriores, espero que se haga evidente a medida que el lector avance. Asumiendo la existencia de un poder creativo del pensamiento en cada individuo, el cual, en relación con sí mismo, refleja el mismo poder existente en la Mente Universal, nuestro empleo correcto de este poder se convierte en un asunto de extrema importancia para nosotros. Su uso invertido necesariamente nos mantiene retenidos en la esclavitud de la que estamos tratando de escapar, asimismo, su uso correcto necesariamente nos lleva a la Libertad y, por lo tanto, si existe alguna revelación Divina, su propósito debe ser alejarnos del uso invertido de nuestra facultad creativa y llevarnos hacia una especialización más elevada de la misma que produzca el resultado deseado. Ahora bien, el propósito de la Biblia es hacer esto, y busca efectuar este trabajo mediante una operación dual. Coloca ante nosotros ese ideal Divino, del que ya he hablado y, al mismo tiempo, basa este ideal en el reconocimiento de un sacrificio Divino. Estas dos concepciones están tan íntimamente entrelazadas en las Escrituras que no pueden separarse, pero en la actualidad existe una creciente tendencia a intentar hacer esta separación y a descartar la concepción de un sacrificio Divino como algo no filosófico, es decir, que no tiene ningún nexo de causa y efecto. Por tanto, lo que quiero señalar en estas páginas adicionales es que existe tal nexo, y que lejos de estar sin una secuencia de causa y efecto, tiene su raíz en los principios más íntimos de nuestro propio ser. No es contrario a la Ley, sino que procede de la propia naturaleza de la Ley.

La actual objeción a la enseñanza bíblica sobre este tema es que Dios no podría haber exigido ningún sacrificio, ya sea porque la Energía Originaria no puede tener conciencia de Personalidad y es solo una fuerza ciega, o porque si "Dios es Amor" no podría exigir tal sacrificio. En la primera hipótesis, por supuesto, estamos completamente alejados de la enseñanza bíblica y no tenemos nada que ver con eso, porque, como he dicho en otra parte, el hecho de nuestra propia conciencia de personalidad solo puede explicarse por la existencia, aunque oculta, de una cualidad correspondiente en el Espíritu Originario. Por lo tanto, limitaré mis comentarios a la pregunta de cómo el Amor, como el impulso originario de toda la creación, puede exigir tal sacrificio. Y, en mi opinión, la respuesta es que Dios no lo exige. Es el individuo quien lo exige. Es el anhelo instintivo del alma humana por la certeza, lo que requiere una demostración tan convincente que no deje lugar para ninguna duda sobre nuestra relación perfectamente feliz con el Espíritu Supremo y, en consecuencia, con todo lo que fluye de él, ya sea del lado visible o invisible. Cuando comprendemos el hecho de que tal punto de vista de certeza es el fundamento necesario para construir en nosotros el Ideal Divino, entonces se hace evidente que proporcionarnos esta firme base es la mayor obra que podría hacer el Espíritu, en su relación con la personalidad humana.

A menudo se nos dice que la ofrenda de sacrificios tuvo su origen en la concepción que el hombre primitivo tenía de sus dioses, como seres que requerían ser propiciados para inducirlos a hacer el bien o se abstuvieran de hacer mal, y muy probablemente este fue el caso. La verdad detrás de esta concepción es el sentimiento de que hay un poder superior del cual depende el individuo; y el error está en suponer que este poder es limitado por una individualidad que puede enriquecerse vendiendo sus buenos oficios o que te chantajea con amenazas. En cualquiera de los dos casos, quiere obtener algo de ti, y de esto se deduce que su propio poder para satisfacer sus propias necesidades debe ser limitado, de lo contrario, no necesitaría que se le mantuviera de buen ánimo por medio de regalos. En mentes muy poco desarrolladas, tal concepción da como resultado la idea de numerosos dioses, cada uno de los cuales tiene, por así decirlo, su propia línea particular de negocio; y el avance posterior de este modo de pensamiento es la reducción de estas diversas deidades a dos poderes antagónicos del Bien y del Mal. Pero en cualquiera de los dos casos el resultado es el mismo, mientras comencemos con la hipótesis de que, a causa de nuestros sacrificios, el Bien nos hará más bien y el Mal nos hará menos mal, entonces, lógicamente se deduce que cuanto más valiosos sean tus sacrificios y cuanto más a menudo se presenten, más posibilidades tienes de tener buena suerte. Sin duda, una concepción como ésta fue sostenida por la masa del pueblo hebreo bajo el sistema de sacrificios de la Ley Levítica, y tal vez ésta era una de las razones por las que eran tan propensos a caer en la idolatría, ya que en este punto de vista su noción fundamental era prácticamente idéntica en su naturaleza a la de los paganos que los rodeaban. Por supuesto, ésta no era la idea fundamental incorporada en el sistema Levítico mismo. La raíz de ese sistema era la simbolización de un ideal supremo de reconciliación que en lo sucesivo se manifestaría en la acción. Ahora bien, un símbolo no es la cosa simbolizada. El propósito de un símbolo es doble: ponernos el conocimiento en cuanto a la realidad que indica, y traer esa realidad a nuestras mentes por sugestión cuando miramos el símbolo; pero si no hace esto y nos quedamos solo en el símbolo, no sacaremos nada y nos quedaremos justo donde estábamos. La naturaleza simbólica del sacrificio Levítico era claramente percibida por los pensadores más profundos entre los hebreos, como lo demuestran muchos pasajes de la Biblia: "Sacrificio y ofrenda no te agrada" (Salmos 40: 6 y 51:16) y otras declaraciones similares, y la distinción entre estos símbolos y lo que simbolizaban se pone de manifiesto en la Epístola a los hebreos mediante el argumento de que si esos sacrificios hubieran brindado un punto de vista suficiente para la realización efectiva de limpieza, entonces el adorador no necesitaría repetirlos porque ya no tendría conciencia de pecado (Hebreos 10: 2).

Esto nos lleva al punto esencial de todo el asunto. Lo que queremos es la certeza de que ya no hay separación entre nosotros y el Espíritu Divino a causa del pecado, ya sea como evidentes actos de maldad o como error de principio; y todo el propósito de la Biblia es guiarnos a esta seguridad. Ahora, tal seguridad no puede basarse en ningún tipo de sacrificio que requiera repetición, ya que nunca podríamos saber si ya hemos dado suficiente en calidad o cantidad. Debe ser algo de una vez y para siempre, o no sirve de nada; y por eso la Biblia hace que la ofrenda sea 'una vez y para siempre', y este es el punto esencial de su enseñanza. "El que se ha bañado no necesita lavarse" (Juan 13: 10); "Ahora no hay condenación para los que están en Cristo Jesús (Romanos 8: 1).

Sin embargo, varias dificultades intelectuales impiden que muchas personas vean el funcionamiento de la ley de causa y efecto en esta presentación. Una de ellas es la pregunta: ¿cómo se puede transferir la culpa moral de una persona a otra? Lo que se denomina el argumento "forense" (es decir, el argumento del proceso judicial) de que Cristo asumió sufrir en nuestro lugar como nuestra garantía, está indudablemente abierto a esta objeción. Por su propia naturaleza, la garantía debe limitarse a las obligaciones civiles y no puede extenderse a la responsabilidad penal, por lo que el argumento "forense" puede dejarse de lado como una gran ficción legal. Pero si comprendemos la enseñanza bíblica de que Cristo es el Hijo de Dios, es decir, el Principio Divino de la Humanidad a partir del cual nos originamos y que subsiste en todos nosotros, aunque sea de manera inconsciente para nosotros mismos, entonces vemos que tanto los pecadores como los santos están incluidos en este Principio y, consecuentemente, que la auto-ofrenda de Cristo debe realmente incluir la auto-ofrenda de cada ser humano en el reconocimiento (aunque sea desconocido para su mentalidad objetiva) de su pecado. Si podemos comprender este punto de vista algo abstracto, se deduce que en la Persona de Cristo cada ser humano, pasado, presente y futuro, se ofreció a sí mismo para la condena de su pecado, una autocondenación y una auto-ofrenda y, por lo tanto, una limpieza, por la sencilla razón de que si puedes hacer que un individuo se dé cuenta de su error pasado, que realmente vea su error, no lo volverá a hacer; y es la perpetuación del pecado y del error lo que hay que eliminar, hacer esto universalmente sería recuperar el Paraíso. Visto en esta luz, no hay duda de la transferencia de la culpa moral y considero que este es el significado de San Pablo cuando habla de que somos partícipes de los padecimientos de Cristo.

Luego, está la objeción: ¿Cómo se pueden eliminar los pecados pasados? Si aceptamos la conclusión filosófica de que el tiempo no tiene una existencia sustantiva, entonces todo lo que queda son estados de conciencia. Como he dicho en la primera parte de este libro, la autocontemplación del Espíritu es la causa de toda nuestra percepción de existencia y entorno y, en consecuencia, si la autocontemplación del Espíritu, desde cualquier centro de individualización, es la de la armonía total y la ausencia de cualquier cosa que pudiera causar cualquier conciencia de separación, entonces los pecados pasados dejan de tener parte en este autorreconocimiento y, por consiguiente, dejan de tener cualquier lugar en el mundo de la existencia. El fundamento de todo el proceso creativo es el llamado a la Luz desde la Oscuridad – "aquello que se manifiesta es luz" – y, consecuentemente, la acción inversa es la de enviar Luz a la Oscuridad, es decir, al No-ser. Ahora, esto es exactamente lo que el Espíritu dice en la Biblia: "Yo, Yo soy el que borra tus transgresiones" (Isaías 43:25). Borrar es el envío de la manifestación a la oscuridad de la no-manifestación, del Ser al no-Ser y, de este modo, el error pasado deja de tener existencia y, por lo tanto, deja de tener algún efecto posterior sobre nosotros. Está "borrado" y, desde este nuevo punto de vista, nunca ha existido en absoluto; de modo que continuar contemplándolo es dar un falso sentido de existencia a lo que en efecto no tiene existencia. Es esa Afirmación de la Negación, la cual es la raíz de todo mal. Es la inversión de nuestro poder creativo del pensamiento dado por Dios, llamando a la existencia aquello que en la Perfecta Vida del

Espíritu nunca tuvo, ni podría tener, existencia alguna, y por lo tanto crea el sentido de inarmonía, oposición y separación. Por supuesto, esto es solo relativo a nosotros mismos, ya que no podemos crear principios eternos. Ellos son el Ser de Dios, y como ya he mostrado, estos grandes Principios del Afirmativo se pueden resumir en las dos palabras: Amor y Belleza - Amor en la esencia y Belleza en la manifestación; pero como solo podemos vivir desde el punto de vista de nuestra propia conciencia, podemos hacer una falsa creación basada en la idea de los opuestos al Amor y la Belleza todo-creadora; esta falsa creación con todos sus acompañamientos de limitación, pecado, dolor, enfermedad y muerte, necesariamente deben ser reales para nosotros hasta que percibamos que estas cosas no fueron creadas por Dios, el Espíritu del Afirmativo, sino por nuestra propia inversión de nuestra verdadera relación con el Ser Todo-creador.

Entonces, cuando vemos el asunto bajo esta luz, la Ofrenda única del Sacrificio Divino por el pecado de todo el mundo, es vista no como un simple dogma eclesiástico que no tiene relación de causa y efecto, sino como la aplicación más elevada del mismo principio de causa y efecto mediante el cual toda la creación, incluidos nosotros, ha sido traída a la existencia - la autocontemplación del Espíritu produciendo la correspondiente manifestación, solo que ahora trabajando en el nivel de la Personalidad Individual.

Como he mostrado al principio de este libro, la manifestación cósmica de los principios no es suficiente para sacar todo lo que hay en ellos. Para hacerlo, su acción debe ser especializada por la introducción del Factor Personal. Están representados por el Pilar Jaquin, pero debe ser equilibrado por el Pilar Boaz, la Ley y la Personalidad, los dos Pilares del Universo; y en la Ofrenda Única tenemos la combinación suprema de estos dos principios, la más alta especialización de la Ley por el más alto poder de la Personalidad. Estos son principios eternos y por ello se nos dice que el Cordero fue inmolado desde la fundación del mundo; y porque "los pensamientos son cosas", esta manifestación suprema de la interacción creativa de la Ley y la Personalidad, eventualmente se manifestaría en una acción concreta en el mundo condicionado por el tiempo y el espacio; y así fue como se produjo la manifestación suprema del Amor de Dios para satisfacer la necesidad suprema del Individuo. La historia de la nación judía es la historia del funcionamiento de la ley de causa y efecto, bajo la guía de la Sabiduría Divina, para proporcionar las condiciones necesarias para el mayor acontecimiento en la historia del mundo; porque si Cristo iba a aparecer, debía ser en alguna nación, en algún lugar y en algún tiempo, pero rastrear los pasos por los que, a través de una secuencia inteligible de causas, se proporcionaron estas condiciones necesarias, pertenece más bien a una investigación de la historia bíblica que a nuestro propósito actual, por lo que no entraré en estos detalles aquí.

Sin embargo, lo que espero haber aclarado, en cierta medida, es que hay una razón por la cual Cristo debía manifestarse, sufrir y resucitar, y que, lejos de ser una superstición sin fundamento, la reconciliación del mundo con Dios a través de la Ofrenda Única, ofrecida de una vez y para siempre, por el pecado de todo el mundo, sienta las bases inamovibles sobre las cuales podemos construir de manera segura por todo el ilimitado futuro.

NOSOTROS EN LA OFRENDA DIVINA

Si hemos comprendido el principio que he intentado enunciar en el último capítulo, encontraremos que con este nuevo punto de vista se nos abre una nueva vida y un nuevo mundo. Esto se debe a que ahora estamos viviendo desde un nuevo reconocimiento de nosotros mismos y de Dios. La Verdad Eterna, que es la realidad esencial del Ser, es siempre la misma; nunca se ha alterado, porque todo lo que es capaz de desaparecer y dar lugar a otra cosa no es eterno y, por lo tanto, la verdadera esencia de nuestro ser, como procediendo de Dios y subsistiendo en él, siempre ha sido la misma. Pero este es el hecho que hasta ahora hemos perdido de vista; y dado que nuestra percepción de la vida es la medida de nuestra conciencia individual de ella, nos hemos impuesto un mundo de limitación, un mundo lleno del poder de lo negativo, porque hemos visto las cosas desde ese punto de vista. Por lo tanto, lo que ocurre cuando comprendemos la verdad de nuestra Redención, no es un cambio en nuestra relación esencial con el

Espíritu Paterno, el Padre Eterno, sino un despertar a la percepción de esta relación eterna y absolutamente perfecta. Vemos que, en realidad, nunca ha sido de otra manera por la simple razón de que en la naturaleza misma del Ser no podría ser de otra manera; y cuando vemos esto, también vemos que lo que hasta ahora ha estado equivocado no ha sido el trabajo del "Padre", sino nuestra concepción de la existencia de algún otro poder, un poder de negación, limitación y destructividad, todo lo contrario a lo que el Espíritu Creativo debe ser, por el hecho mismo de su Creatividad. Esa maravillosa parábola del Hijo Pródigo nos muestra que él nunca dejó de ser hijo. No fue su padre quien lo envió lejos de casa, sino su idea de que podría estar mejor "por su cuenta", y todos sabemos lo que resultó de ello. Pero cuando regresó al Padre, descubrió que, desde el punto de vista del Padre, él nunca había dejado de ser un hijo, y que todos los problemas por los que había pasado no eran "del Padre" sino que eran el resultado de su propia incapacidad para reconocer lo que eran realmente el Padre y el Hogar.

Este es exactamente el caso con nosotros mismos. Cuando despertamos a la verdad descubrimos que, en lo que respecta al Padre, siempre hemos estado en él y en su hogar, porque estamos hechos a su imagen y semejanza y somos reflejos de su propio Ser. Él nos dice: "Hijo mío, tú siempre estás conmigo, y todo lo mío es tuyo". La autocontemplación del Espíritu es el Poder Creativo creando un entorno correspondiente al modo de conciencia contemplado y, por lo tanto, en la medida en que nos contemplamos como centros de individualización para el Espíritu Divino, nos encontramos rodeados por un nuevo entorno que refleja las condiciones armoniosas que preexisten en el Pensamiento del Espíritu.

De modo que esta es la secuencia de Causa y Efecto involucrada en la enseñanza de la Biblia. El ser humano es, en esencia, un ser espiritual, el reflejo en el plano de la personalidad individual de aquello que el Espíritu Todo-originario es en sí mismo, y está así en esa relación recíproca con el Espíritu que es el Amor. Esta es la primera declaración de su creación en Génesis: Dios vio todo lo que había hecho, y he aquí que era muy bueno, incluido el ser humano. Entonces, la Caída es el fracaso de la mentalidad inferior en reconocer que Dios es Amor, en pocas palabras, que el Amor es el único Poder motriz último que es posible concebir, y que las creaciones del Amor no pueden ser más que buenas y hermosas. La mentalidad inferior concibe una cualidad opuesta de Mal y produce así un poder motriz opuesto al Amor, que es el temor, y así nace el temor en el mundo dando lugar a toda la camada del mal, la ira, el odio, la envidia, la violencia y demás, y en el plano externo dando lugar a vibraciones discordantes que son la raíz de los males físicos. Si analizamos nuestros motivos, encontraremos que siempre son algún modo ya sea de Amor o Temor; y el temor tiene su raíz en el reconocimiento de algún poder que no sea el Amor Perfecto, que es Dios, el Bien Único Absoluto. El temor tiene una fuerza creativa que imita invertidamente a la del amor; pero la diferencia entre ellos es que el amor es eterno y el temor no lo es. El amor como el Motivo Creativo Original es la única conclusión lógica a la que podemos llegar en cuanto a la existencia de nosotros mismos o de cualquier otra creación. El temor es ilógico porque considerar que tiene algún lugar en el Motivo Creativo Original implica una contradicción de términos.

Al aceptar la noción de un poder dual, el del Bien y el del Mal, se introduce el trabajo creativo invertido del miedo, con toda la serie de cosas malas que lo acompañan. Esto es comer del árbol mortífero que provoca la Caída y, por lo tanto, la Redención que requiere ser llevada a cabo es una redención del Miedo, no simplemente de éste o aquel miedo en particular, sino de la Raíz misma del miedo, cuya raíz es la incredulidad en el Amor de Dios, la negativa a creer que solo el Amor es el Poder Creador en todas las cosas, ya sean pequeñas, más allá de nuestro reconocimiento, o grandes más allá de nuestra concepción. Por lo tanto, para llevar a cabo esta Redención debe haber una manifestación del Amor Divino al Individuo que, cuando se aprecia correctamente, no deja terreno para el miedo; y cuando vemos que el Sacrificio de la Cruz fue la Auto-Ofrenda de Amor hecha para proporcionar esta manifestación, entonces vemos que todos los enlaces en la cadena de Causa y Efecto están completos, y que el miedo nunca tuvo ningún lugar en el Principio Creativo, ya sea como actuando en la creación de un mundo o de un individuo. Entonces, la raíz de todos los problemas del mundo consiste en la Afirmación de la Negación, en el uso invertido de nuestro poder creativo del pensamiento y dando así sustancia a lo que, como principio, no tiene existencia. Mientras continúe esta acción negativa del pensamiento, seguirá produciendo su efecto natural, ya sea en el individuo o en la masa. La experiencia es perfectamente real mientras dura. Su irrealidad consiste en el hecho de que nunca hubo una necesidad real de ella; y cuanto más comprendemos la verdad de la Omnipresencia del Bien Único, tanto como Causa y Efecto en todos los planos, más dejará de tener algún lugar en nuestras vidas la experiencia de su opuesto.

Este verdadero Nuevo Pensamiento nos pone en una relación totalmente nueva con todo nuestro entorno, abriendo posibilidades hasta ahora inimaginables, y esto mediante una ordenada secuencia de la ley, la cual naturalmente está involucrada en nuestra nueva actitud mental; pero antes de considerar la perspectiva que se nos ofrece, es bueno tener muy claro en qué consiste realmente esta nueva actitud mental, porque nuestra adopción de esta actitud es la clave para toda la posición. Dicho brevemente, es dejar de incluir la idea de limitaciones en nuestra concepción del funcionamiento del Espíritu Todo-Creador. Aquí hay algunos ejemplos de la manera en que limitamos el trabajo creativo del Espíritu. Nosotros decimos: "Ya soy demasiado viejo para comenzar este o aquel nuevo trabajo". Esto es negar el poder del Espíritu para vivificar nuestras facultades físicas o mentales, lo cual es ilógico si consideramos que es el mismo Espíritu el que nos trajo a existencia. Es como decir que cuando una lámpara está comenzando a apagarse, la misma persona que la llenó de aceite no puede rellenarla y hacer que prenda de nuevo. O decimos, "No puedo hacer tal y tal cosa porque no tengo los medios". Cuando tenías catorce años, ¿sabías de dónde vendrían todos los medios que te iban a mantener hasta ahora, que tienes quizás cuarenta o cincuenta años? Por lo tanto, deberías argumentar que el mismo poder que ha trabajado en el pasado puede continuar trabajando en el futuro. Si dices que en el pasado los medios vinieron de forma bastante natural a través de canales comunes, eso no es ninguna objeción, por el contrario, más razón para decir que los canales adecuados se abrirán en el futuro. ¿Esperas que Dios ponga dinero en tu escritorio por arte de magia? Los medios vienen a través de canales reconocibles, es decir, reconocemos los canales por el hecho de que la corriente fluye a través de ellos; y uno de nuestros errores más comunes es pensar que nosotros mismos tenemos que fijar el canal particular de antemano. En efecto, decimos que el Espíritu no puede abrir otros canales y de ese modo los detenemos. O decimos que nuestra experiencia pasada dice lo contrario, asumiendo así que nuestras experiencias pasadas han incluido todas las posibilidades y han agotado las leyes del universo, una suposición que es negada por cada nuevo descubrimiento incluso en la ciencia física. Y así seguimos limitando el poder del Espíritu de cien maneras diferentes.

Pero una cuidadosa consideración demostrará que, aunque los modos en que lo limitamos son tan numerosos como las circunstancias con las que tenemos que lidiar, la manera en que lo limitamos es siempre la misma, es mediante la introducción de nuestra propia personalidad. Al principio esto puede parecer una contradicción directa de todo lo que he dicho sobre la necesidad del Factor Personal, pero no lo es. Aquí hay una paradoja.

Para llevar a la manifestación las maravillosas posibilidades ocultas en el Poder Creativo del Universo, necesitamos hacer dos cosas: ver que nosotros somos necesarios como centros para enfocar ese poder y, al mismo tiempo, retirar el pensamiento de que nosotros contribuimos a su eficiencia. No soy yo quien trabaja sino el Poder; sin embargo, el Poder me necesita porque no puede especializarse sin mí; en pocas palabras, cada uno es complementario del otro, y cuanto más alto sea el grado de especialización, más necesaria es la cooperación inteligente y dispuesta del individuo.

Esta es la paradoja bíblica de que "el hijo no puede hacer nada por sí mismo" y, sin embargo, se nos dice que somos "colaboradores de Dios". Sin embargo, deja de ser una paradoja cuando reconocemos la relación entre los dos factores involucrados, Dios y el ser humano. Nuestro error consiste en no discriminar sus respectivas funciones y poner al Individuo en el lugar de Dios. En nuestra vida cotidiana lo hacemos midiendo el poder de Dios por nuestras experiencias pasadas y las deducciones que sacamos de ellas; pero hay otra manera de poner al Individuo en el lugar de Dios, y es por la idea errónea de que el Espíritu Todo-originario es simplemente una fuerza cósmica sin inteligencia y que el Individuo tiene que originar la inteligencia, sin la cual no puede concebirse ningún propósito específico. Este último es el error de gran parte de la filosofía actual y debemos protegernos especialmente contra ello. Esto fue percibido por algunos de los estudiantes medievales de estas cosas y, en consecuencia, distinguieron entre lo que llamaron Animus Dei y Anima Mundi, el Espíritu Divino y el Alma del Universo. Ahora, la distinción es esta: la cualidad esencial de Animus Dei es la Personalidad - no Una Persona, sino el Principio mismo de la Personalidad - mientras que la cualidad esencial de Anima Mundi es la Impersonalidad. Aquí entra en juego la importancia del Factor Personal del que ya he hablado.

Los poderes latentes en lo impersonal son llevados a su pleno desarrollo por la operación de lo Personal. Por supuesto, esto no consiste en cambiar la naturaleza de esos poderes, ya que eso es imposible, sino en hacer tales combinaciones de ellos por medio de la Selección Personal como para producir resultados que de otro modo no podrían obtenerse. Así, por ejemplo, el Número es en sí mismo impersonal y nadie puede alterar las leyes que son inherentes en él; pero lo que podemos hacer es seleccionar números particulares y el tipo de relación, como la resta, la multiplicación, etc., que estableceremos entre ellos; y luego, por la Ley inherente del Número, un cierto resultado está destinado a obtenerse. Ahora, nuestra propia cualidad esencial es la conciencia de la Personalidad; y a medida que crecemos en el reconocimiento del hecho de que lo Impersonal está, por así decirlo, clamando por la operación sobre lo Personal para poner en funcionamiento sus poderes latentes, veremos cuán ilimitado es el campo que se abre así ante nosotros.

La perspectiva es maravillosa, más allá de nuestra concepción actual y llena de creciente gloria, si nos damos cuenta de la verdadera base sobre la cual descansa. Pero aquí radica el peligro. Consiste en no reconocer que es lo Infinito de lo Impersonal y también que es lo Infinito de lo Personal. Ambos son Infinitos y, por lo tanto, requieren una diferenciación a través de nuestra propia personalidad, pero en su cualidad esencial, cada uno es el equilibrio exacto del otro, no en contradicción entre sí, sino complementarios entre sí, cada uno proporcionando lo que el otro necesita para su plena expresión, de modo que los dos juntos hacen un todo perfecto. Sin embargo, si vemos esta relación y nuestra propia posición como el enlace de conexión entre ellos, solo nos veremos a nosotros mismos como el Factor Personal; pero cuanto más nos demos cuenta, tanto por la teoría como por la experiencia, del poder de la personalidad humana puesta en contacto con el Alma Impersonal de la Naturaleza, y empleada con un conocimiento de su poder y un correspondiente ejercicio de la voluntad, menos nos inclinaremos a considerarnos a nosotros mismos como el factor supremo en la cadena de causa y efecto. La consideración de este argumento señala el peligro de gran parte de la enseñanza actual en relación con el ejercicio del Poder del Pensamiento como una agencia creativa.

El principio en el que se basa esta enseñanza es sólido y legítimo, ya que es inherente a la naturaleza de las cosas; pero el error está en suponer que nosotros mismos somos la fuente última de la Personalidad, en lugar de ser simplemente los distribuidores y especializadores. El resultado lógico de tal actitud mental es que nos colocamos en el lugar de todo lo que se adora como Dios, de lo cual se habla en el segundo capítulo de la Segunda Epístola a los Tesalonicenses y en otras partes de las Escrituras. Por la misma hipótesis del caso, no conocemos una voluntad más alta que la nuestra y, por lo tanto, no tenemos ningún Principio Unificador para prevenir el conflicto de voluntades que debe surgir, un conflicto que debe volverse cada vez más destructivo cuanto mayor sea el poder que poseen las partes contendientes y que, si no hubiera un poder de contrapeso, debería resultar en la destrucción final de la raza humana existente.

Pero existe un poder de contrapeso. Es el mismo poder utilizado afirmativamente en lugar de negativamente. Es el poder de lo Personal con lo Impersonal cuando se utiliza bajo la guía de ese Principio Unificador que proporciona el reconocimiento de la Unidad de la Cualidad Personal en el Espíritu Divino. Aquellos que están utilizando el poder creativo del pensamiento solo desde el punto de vista de la personalidad individual, obviamente tienen menos poder que aquellos que lo utilizan desde el punto de vista de la Personalidad inherente en el Espíritu Viviente, que es el Origen y la Fuente de toda la energía y la sustancia y, por lo tanto, al final la victoria debe permanecer con estos últimos. Y debido a que el poder por el cual conquistan es el de la propia Personalidad Unificadora, su victoria debe dar como resultado el establecimiento de la Paz y la Felicidad en todo el mundo, y no es un poder de dominación sino de ayuda e iluminación. La elección es entre estos dos lemas: "Cada uno para sí mismo y sálvese quien pueda" o "Dios para todos nosotros". Por lo tanto, en la medida en que nos demos cuenta de las inmensas fuerzas latentes en el Alma Impersonal de la Naturaleza, solo esperando la introducción del Factor Personal para despertarlas en actividad y dirigirlas hacia propósitos específicos, más amplio será el alcance de los poderes a disposición del individuo; y cuanto más claramente percibamos la Impersonalidad del Principio mismo de la Personalidad, más clara será nuestra propia posición como ofreciendo el Medio Diferenciador entre estas dos Infinitudes.

La impersonalidad del Principio de Personalidad parece una contradicción de términos, pero no lo es. Combino estos dos términos aparentemente contradictorios como la mejor manera de transmitir al lector la idea de la Cualidad esencial de la Personalidad que aún no se ha diferenciado en centros individuales de conciencia para la realización de un trabajo particular. Visto de esta manera, lo Infinito de la Personalidad debe tener como fundamento la Unidad de Propósito, ya que, de lo contrario, estaría formado por personalidades en conflicto, en cuyo caso aún no habríamos alcanzado la Única causa todo-originaria. O, para decirlo de otra manera, una Personalidad Infinita dividida contra sí misma sería una locura infinita, un creador de una algarabía cósmica que, como un hecho científico, sería imposible que existiera. Por lo tanto, la concepción de un Infinito de la Personalidad implica necesariamente una perpetua Unidad de Propósito; y por la misma razón, este Propósito solo puede ser la expresión cada vez más completa de una Infinita Unidad de Conciencia; y la Unidad de Conciencia implica necesariamente la ausencia total de todo lo que la perjudique, por lo tanto, su expresión solo puede ser como Armonía Universal. Entonces, si el individuo reconoce esta verdadera naturaleza de la fuente de la que se deriva su propia conciencia de personalidad, sus ideas y su trabajo se basarán en este fundamento, con el resultado de que, en lo que respecta a nosotros, la paz y la buena voluntad hacia las personas acompañarán este modo de pensamiento, y entre nosotros y el Alma estrictamente Impersonal de la Naturaleza, nuestro creciente conocimiento en esa dirección significaría un aumento del poder para llevar a cabo nuestro principio de paz y buena voluntad. A medida que esta percepción de nuestra relación con el Espíritu de Dios y el Alma de la Naturaleza se extienda de individuo a individuo, el Reino de Dios crecerá y su reconocimiento universal será el establecimiento del Reino de los Cielos en la tierra.

Tal vez el lector se pregunte por qué digo el Alma de la Naturaleza en lugar de decir el universo material. La razón es que al utilizar nuestro poder creativo del Pensamiento no operamos directamente sobre elementos materiales; hacer eso es un trabajo de construcción desde el exterior y no de creación desde el interior. La tendencia general de la ciencia física moderna es reducir toda la materia en el análisis final a la energía trabajando en un éter primario. De dónde proceden esta energía y este éter, no es objeto del análisis físico. Esa es una pregunta que no puede ser respondida por medio del tubo de vacío o del espectroscopio. La ciencia física está haciendo su legítimo trabajo para empujar cada vez más atrás el residuo no-analizable de la Naturaleza, sin embargo, por muy atrás que llegue, siempre habrá un último residuo no-analizable; y cuando la ciencia física nos lleva a este punto, nos entrega a la guía de la investigación psicológica, tal como en la Divina Comedia Virgilio transfiere a Dante a la guía de Beatriz para el estudio de los reinos superiores.

Las diversas velocidades de movimiento en este éter primario, que producen diversas combinaciones numéricas de partículas electrificadas positivamente y negativamente, dan lugar a la formación de lo que conocemos como los diferentes elementos químicos y explica así el fenómeno de sus cantidades combinadas, la ley por la cual se unen para formar nuevas sustancias solo en ciertas proporciones numéricas exactas. Desde el primer movimiento en el éter primario hasta las sustancias sólidas, tales como la madera o el hierro o nuestra propia carne, es una serie de vibraciones en una sucesión de medios, cada uno más denso que el anterior del que se concretó y del que recibió el impulso vibratorio. Esto es, en efecto, lo que la ciencia física tiene que decirnos. Pero para ir más atrás, debemos mirar en el mundo de lo invisible, y es aquí donde el estudio psicológico viene en nuestra ayuda. Sin embargo, no podemos estudiar el lado invisible de la Naturaleza trabajando desde el exterior, por lo tanto, en este punto de nuestros estudios encontramos el uso de la enseñanza consagrada en el tiempo, relativa al paralelismo entre el Macrocosmos y el Microcosmos. Si el Microcosmos es la reproducción en nosotros de los mismos principios que existen en el Macrocosmos o el universo, en el cual tenemos nuestro ser, entonces, al investigarnos a nosotros mismos aprenderemos la naturaleza de los correspondientes principios invisibles en nuestro entorno. Aquí, entonces, está la aplicación del dictamen de la antigua filosofía: "Conócete a ti mismo". Significa que el único lugar donde podemos estudiar los principios del lado invisible de la Naturaleza es en nosotros mismos; y cuando los conocemos allí, podemos transferirlos al mundo más grande que nos rodea.

En los capítulos finales de mis "Conferencias de Edimburgo sobre Ciencia Mental", describí la forma en que el alma o la mente opera sobre el instrumento físico de su expresión, y se resuelve en esto: que la acción mental inaugura una serie de vibraciones en el cuerpo etérico que, a su vez, inducen correspondientes vibraciones más densas en la sustancia molecular hasta que finalmente se produce una acción mecánica en el exterior. Ahora, transfiriendo esta idea a la Naturaleza como un todo, veremos que si nuestra acción mental ha de afectarla de alguna manera, solo puede ser por la respuesta a algo detrás de la sustancia material, análogo a la mente en nosotros mismos; y el hecho de que existe un "algo" interior en el lado meramente material de la Naturaleza se demuestra por lo que podemos llamar la Ley de Tendencia, no solo en los animales y las plantas, sino también en las sustancias inorgánicas, como se muestra, por ejemplo, en el trabajo del Profesor Bose sobre la respuesta de los metales. La presencia universal de esta Ley de la Tendencia indica, por lo tanto, el funcionamiento de algún poder no-material y, por así decirlo, semi-inteligente en el mundo material, un poder que trabaja perfectamente en sus propias líneas hasta donde llega, es decir, de una manera genérica, pero que no posee ese poder Personal de selección individual que es necesario para sacar a la luz las infinitas posibilidades ocultas en él. Esto es lo que significa el Alma de la Naturaleza, y es por esta razón que empleé ese término en lugar de decir el universo material. El término a emplear depende del modo de acción que estamos contemplando. Si es construcción desde afuera, entonces estamos tratando con el universo puramente material. Si buscamos obtener resultados mediante el ejercicio de nuestro poder mental desde adentro, entonces estamos tratando con el Alma de la Naturaleza. Es ese control del menor grado de inteligencia por el más alto del que he hablado en mis Conferencias de Edimburgo.

Si comprendemos lo que me he esforzado por aclarar en la primera parte de este libro, que toda la creación es producida por la operación de la Voluntad Divina sobre el Alma de la Naturaleza, será evidente que no podemos establecer límites a las potencias ocultas en esta última, y capaces de ser llevadas a cabo por la operación del Factor Personal sobre ella; por lo tanto, asegurada una concentración de voluntad suficientemente poderosa, ya sea por un individuo o por un grupo de individuos, podemos imaginar la producción de asombrosos efectos por parte de esta agencia, y de esta manera explicaría las declaraciones hechas en las Escrituras con respecto a los maravillosos poderes que serán ejercidos por el Anticristo, ya sean personales o colectivos. Estos son poderes psíquicos, el poder del Alma del Individuo sobre el Alma de la Naturaleza. Pero el Alma de la Naturaleza es bastante impersonal y, por lo tanto, la calidad moral de esta acción depende completamente del operador humano. Este es el punto de la enseñanza del Maestro sobre la destrucción de la higuera, y es por esto que él agrega la advertencia en cuanto a la necesidad de limpiar nuestro corazón de cualquier sentimiento perjudicial contra otros cuando intentamos hacer uso de este poder (Marcos 11: 20-26).

De acuerdo con su enseñanza, este poder de controlar el Alma de la Naturaleza mediante la adición de nuestro propio Factor Personal realmente existe, aunque aún no seamos capaces de reconocerlo muy bien; su empleo depende de nuestra percepción de los principios internos comunes a ambos, y es por esta razón que la antigua sabiduría fue resumida en el aforismo "Conócete a ti mismo". Sin duda, es un conocimiento maravilloso, pero al analizarlo se encontrará que es perfectamente natural. Es el conocimiento de las fuerzas crípticas de la naturaleza. Ahora, es notable que esta antigua máxima inscrita en los portales del Templo de Delfos no se encuentra en la Biblia. La máxima de la Biblia no es "Conócete a ti mismo" sino "Conoce al Señor". El gran tema del conocimiento no es nuestro ser sino "el Señor"; y aquí está la gran diferencia entre las dos enseñanzas. Una está limitada por la personalidad humana, la otra está basada en la Infinitud de la Personalidad Divina, y por ello incluye la personalidad humana con todos sus poderes sobre el Alma de la Naturaleza. Es un caso de lo mayor incluyendo lo menor; y así toda la enseñanza de las Escrituras está dirigida a llevarnos al reconocimiento de esa Personalidad Divina que es el Gran Original, a cuya imagen y semejanza estamos hechos. En la medida en que crezcamos en el reconocimiento de esto, nuestra propia personalidad lo expondrá y el poder creativo de nuestro pensamiento dejará de trabajar de manera invertida, hasta que finalmente trabajará solo con los mismos principios de Vida, Amor y Libertad que la Mente Divina, y así desaparecerá todo el mal de nuestro mundo. No seremos absorbidos en la Deidad hasta la extinción de nuestra conciencia individual, como enseñan algunos sistemas, sino que, por el contrario, nuestra conciencia individual se expandirá continuamente, que es lo que San Pablo quiere decir cuando habla de nuestro "aumento con el aumento de Dios ", la continua expansión del elemento Divino dentro de nosotros. Pero esto solo puede tener lugar por nuestro reconocimiento de nosotros mismos como receptores de este elemento Divino. Se trata de recibir en nosotros mismos la Personalidad Divina, un resultado que no se puede alcanzar a través del razonamiento humano. Nosotros razonamos de las premisas que hemos asumido y la conclusión ya está involucrada en las premisas y nunca puede extenderse más allá de ellas. Pero solo podemos seleccionar nuestras premisas entre las cosas que conocemos por experiencia, ya sea mental o física y, en consecuencia, nuestro razonamiento siempre es simplemente una reubicación de las cosas antiguas. Pero la recepción de la Personalidad Divina en nosotros es algo totalmente Nuevo y, por lo tanto, no puede alcanzarse razonando a partir de cosas antiguas. Entonces, si se ha de alcanzar este Divino final del Proceso Creativo, debe ser por la Revelación de Algo Nuevo que nos proporcionará un nuevo punto de partida para nuestro pensamiento, y este Nuevo punto de partida se da en la Promesa de "la Simiente de la Mujer" con la que parte la Biblia. De allí en adelante, esta Promesa se convirtió en el pensamiento germinativo central de aquellos que se basaron en ella, constituyendo así una raza especial, hasta que finalmente, cuando las condiciones necesarias habían madurado, la Semilla Prometida apareció en aquél de quien está escrito que es la expresión exacta de la naturaleza de Dios (Hebreos 1: 3), es decir, la expresión de esa Personalidad Divina Infinita de la que he hablado. "Nadie ha visto jamás a Dios ni puede verlo", por la sencilla razón de que la Infinitud no puede ser objeto de visión. Para hacerse visible debe haber Individualización y por eso cuando Felipe dijo "Muéstranos al Padre", Jesús respondió: "El que me ha visto a mí, ha visto al Padre". El verbo debe hacerse carne antes de que San Juan pueda decir: "Lo que era desde el principio, lo que hemos oído, lo que hemos visto con nuestros ojos, lo que hemos contemplado y lo que han palpado nuestras manos, acerca del Verbo de Vida". Este es el Nuevo punto de partida para el verdadero Nuevo Pensamiento, el Nuevo Adán de la Nueva Raza, cada uno de los cuales es un nuevo centro para el trabajo del Espíritu Divino. A esto se refería Jesús cuando dijo: "Si no comen la carne del Hijo del Hombre y beben su sangre, no tienen vida en ustedes. Mi carne es verdadera comida y mi sangre es verdadera bebida", tal contemplación de la Personalidad Divina en él, que cause una recepción similar de la Personalidad Divina en la individualización en nosotros mismos, este es el gran propósito del Proceso Creativo en el individuo. Pone fin a la antigua serie que comenzó con el nacimiento según la carne e inaugura una Nueva Serie mediante el nacimiento según el Espíritu, una Nueva Vida de despliegue infinito con gloriosas posibilidades más allá de nuestra concepción más elevada.

Pero todo esto está basado lógicamente en nuestro reconocimiento de la Personalidad de Dios y de la relación de nuestra personalidad individual con esta Personalidad Eterna e Infinita, y el resultado de esto es la Adoración, no un intento de "adular" al Todopoderoso y mantenerlo de buen humor, sino la reverente contemplación de lo que esta Personalidad debe ser en sí misma; y cuando veamos que es Vida, Amor, Belleza, etc., de lo cual hablé al principio de este libro, aprenderemos a amarlo por lo que él es, y nuestra oración será "Dame más de ti". Si nos damos cuenta de la gran verdad de que el Reino de los Cielos está dentro de nosotros, que es el Reino de lo más interno de nuestro propio ser y de toda la creación, y además reconocemos que este lugar más interno es el lugar del Poder Originario donde el Tiempo y el Espacio no existen y, por lo tanto, antecede a todas las condiciones, entonces veremos el verdadero significado de la Adoración. Es la percepción del Espíritu más interno subsistiendo eternamente independiente de toda manifestación condicionada, de modo que, en la verdadera adoración, nuestra conciencia se retira de la esfera externa de la existencia al centro más interno del ser incondicionado. Allí encontramos al Ser Eterno de Dios puro y simple, y permanecemos reverentemente en esta Presencia Suprema, sabiendo que es la Fuente de nuestro propio ser, y envueltos en la contemplación de esto, se ve que lo condicionado fluye de él. Percibiendo esto, lo condicionado sale de nuestra consideración, porque se ve que no es la Realidad Eterna - hemos alcanzado ese nivel de conciencia donde el Tiempo y el Espacio ya no existen. Sin embargo, la reverencia que inspira la visión de este Centro Supremo de todo Ser, va acompañada de la sensación de sentirse como en casa con él. Esto se debe a que, como Centro de todo Ser, es también el centro de nuestro propio ser. Es uno con nosotros mismos. Se está reconociendo a sí mismo desde nuestro propio centro de conciencia; de modo que aquí hemos regresado a esa autocontemplación del Espíritu, que es el primer movimiento del Poder Creador, solo que ahora esta autocontemplación es la acción del Espíritu Todo-originario sobre sí mismo desde el centro de nuestra propia conciencia. Entonces, esta adoración en el Templo de lo más interno, es a la vez una adoración reverente y una relación familiar, no la familiaridad que genera menosprecio, sino una familiaridad que produce Amor, porque a medida que aumenta vemos más claramente la verdadera Vida del Espíritu como la continua interacción del amor y la belleza, y el reconocimiento, por parte del Espíritu, de nosotros mismos como parte integral de su propia vida.

Esto no es una especulación fantasiosa y poco práctica, sino que tiene una orientación muy práctica. Algún día cesará la muerte, por la sencilla razón de que solo la Vida puede ser el principio perdurable; pero aún no hemos alcanzado este punto en nuestra evolución. No puedo decir si alguien de esta generación lo alcanzará; pero para la mayoría de nosotros la muerte del cuerpo parece ser, lejos, el evento más probable. Ahora, ¿qué debe significar para nosotros esta salida del cuerpo? Debe significar que nos encontramos sin el vehículo físico que es el instrumento a través del cual nuestra conciencia entra en contacto con el mundo externo y todos los intereses de nuestra vida cotidiana actual. Sin embargo, el simple hecho de desprenderse del cuerpo no cambia por sí mismo la actitud mental; y así, si nuestra mente está totalmente centrada en estos intereses pasajeros y en las condiciones externas, la pérdida del instrumento por el cual tuvimos contacto con ellos debe implicar una conciencia de deseo por el único tipo de vida que hemos conocido, junto con una conciencia de nuestra incapacidad de participar en ella, lo que solo puede resultar en una conciencia de angustia y confusión tal, que en nuestro estado actual no podemos imaginar.

Por otro lado, si en este mundo hemos comprendido el verdadero principio de la adoración de la Fuente Eterna de la que fluye toda la vida condicionada - una comunión interna con la Gran Realidad - ya hemos pasado más allá de esa conciencia de la vida que está limitada por el tiempo y el espacio; y así, cuando abandonemos este cuerpo mortal, nos encontraremos en un terreno familiar y, por lo tanto, no vagando en la confusión sino como en casa, habitando en la misma luz de lo Eterno en la cual hemos estado acostumbrados a habitar como una atmósfera que envuelve la vida condicionada de hoy. Entonces, al encontrarnos así en casa en un plano donde el Tiempo y el Espacio no existen, no tendremos ninguna pregunta sobre su duración. La conciencia será simplemente la de un Ser pacífico y feliz. El hecho de que eventualmente tendrá lugar un retorno a la operación personal más activa, se evidencia porque la base de toda evolución posterior es la diferenciación de la Vida indiferenciada del Espíritu en canales específicos de trabajo, a través del intermediario de la personalidad individual, sin la cual las infinitas potencialidades de la Ley Creativa no pueden ser sacadas a luz. Por lo tanto, por muy diversas que sean nuestras opiniones en cuanto a su forma precisa, la Resurrección como principio es una necesidad del proceso creativo. Pero ese retorno a una vida más activa no significará un retorno a las limitaciones, sino la apertura de una nueva vida en la que las trascenderemos todas, porque hemos pasado más allá del concepto erróneo de que el Tiempo y el Espacio son de la Esencia de la Vida. Cuando es erradicado completamente el concepto erróneo sobre el Tiempo y el Espacio, todas las demás limitaciones deben desaparecer porque tienen su raíz en esta primera - son solo formas particulares de la proposición general. De modo que, aunque la Forma con sus acompañantes relaciones de tiempo y espacio es necesaria para la manifestación, se verá que estas cosas no tienen ninguna fuerza en sí mismas, creando así limitación, sino que son el reflejo del modo de pensamiento que las proyecta como la expresión de sí mismo.

Tampoco hay ninguna razón inherente por la cual este proceso deba retrasarse hasta un futuro lejano. No hay razón por la que no debamos comenzar de inmediato. Sin duda, nuestros modos de pensamiento heredados y engendrados personalmente lo dificultan y, por la naturaleza del proceso, solo cuando todos nuestros pensamientos se ajusten a este principio se obtendrá la victoria completa. Pero debe haber un comienzo para todo y mientras más nos habituemos a vivir en ese Centro más Interno donde no existen las condiciones, más nos encontraremos ganando control sobre las condiciones externas, porque la corriente de la vida condicionada fluye desde el Centro de la Vida No-Condicionada y, por lo tanto, este principio intrínseco de Adoración tiene la promesa tanto de la vida que es ahora como de la que está por venir. Solo debemos recordar que la adoración realmente valiosa es la de la Fuente Indiferenciada porque es la Fuente y no como una forma indirecta de desviar la corriente hacia un pequeño canal de condiciones, ya que eso solo sería regresar al antiguo círculo de limitación del cual estamos buscando escapar.

Pero si reconocemos estas cosas, ya hemos tomado el Principio de la Resurrección y, en principio, ya estamos viviendo la vida de la resurrección. El progreso que podamos lograr depende de nuestra aplicación práctica del principio; pero simplemente como principio no hay nada en el principio mismo que impida su completa operación en cualquier momento. Es por esto que Jesús no refirió la resurrección a algún punto remoto del tiempo, sino que dijo: "Yo soy la resurrección y la vida". Ningún principio puede llevar en sí mismo un principio opuesto y limitante contradictorio de su propia naturaleza, y esto es tan verdadero del Principio de Vida como de cualquier otro principio. Somos nosotros los que, mediante nuestro pensamiento, introducimos un principio opuesto y limitante, y así obstaculizamos el funcionamiento del principio que buscamos poner en operación; pero en lo que respecta al Principio de Vida en sí, no hay ninguna razón por la cual no deba manifestarse aquí y ahora.

Entonces, este es el verdadero propósito de la adoración. Es llevarnos a una relación consciente y amorosa con la Fuente Suprema de nuestro propio ser, y viendo esto no debemos descuidar las formas externas de adoración. Por lo que sabemos ahora, deberían significar para nosotros más que para otros y no menos; en especial, si reconocemos la manifestación de la Personalidad Divina en Jesucristo y su reproducción en el Individuo, no descuidaremos su último mandato de participar en ese memorial sagrado de su carne y su sangre que legó a sus seguidores con las palabras "Hagan esto en memoria mía".

Este rito sagrado no es una supersticiosa invención humana. Hay muchas teorías al respecto y no deseo combatir ninguna de ellas porque al final me parece que todas nos llevan al mismo punto, que al ser limpiados del pecado por el Amor Divino ya no estamos más separados de Dios, sino que nos convertimos en "participantes de la Naturaleza Divina" (2 Pedro 1: 4). Esta participación de la Naturaleza Divina no podría ser representada con mayor precisión que por nuestra participación del pan y el vino como símbolos de la Sustancia Divina y la Vida Divina, y así se convierte en emblema de todo el Proceso Creativo, desde su inicio en el Pensamiento Divino hasta su finalización en la manifestación de ese pensamiento como Ser Humano Perfeccionado; y así nos trae vívidamente el recuerdo de la Personalidad de Dios tomando forma como el Hijo del Hombre.

Todos estamos familiarizados con el dicho de que los pensamientos se convierten en cosas; y si afirmamos el poder creativo de nuestro propio pensamiento como reproduciéndose en forma externa, cuánto más debemos afirmar lo mismo de ese Pensamiento Divino que trae a existencia a todo el universo; de modo que, de acuerdo con nuestros propios principios, la Idea Divina del Individuo estaba lógicamente obligada a mostrarse en el mundo del tiempo y el espacio como el Hijo de Dios y el Hijo del hombre, no dos naturalezas diferentes sino un todo completo, resumiendo así el principio fundamental de toda la creación en una Conciencia Indivisa de la Personalidad. Así, "el Verbo" o el Pensamiento Divino del Hombre "se hizo carne", y nuestra participación de los elementos simbólicos guarda en nuestro recuerdo la verdad suprema de que este mismo "Verbo" o Pensamiento de Dios, de la misma manera, toma forma en nosotros mismos cuando abrimos nuestro propio pensamiento para recibirlo. Y, además, si nos damos cuenta de que en todo el universo solo hay Una Vida Originaria, enviando solo Una Sustancia Original como vehículo para su expresión, entonces se deduce lógicamente que, en esencia, el pan es una parte de la Sustancia eterna de Dios y el vino una porción de la Vida eterna de Dios. Porque aunque, por supuesto, el vino es también una parte de la Sustancia Universal, debemos recordar que la Sustancia Universal es en sí misma una manifestación de la Vida del Espíritu Todo-creador y, por lo tanto, esta forma fluida de la sustancia primaria ha sido seleccionada como representando el fluir eterno de la Vida del Espíritu en toda la creación, culminando en su expresión suprema en la conciencia de aquellos que, en el reconocimiento de estas verdades, buscan unir su corazón con el Espíritu Divino. A partir de consideraciones como estas, se verá cuán vasto es el campo de pensamiento que abarca las palabras de Cristo: "Hagan esto en memoria mía".

En conclusión, no se dejen llevar por ninguna filosofía que niegue la Personalidad de Dios. Al final se verá que es una filosofía insensata. No es concebible ningún otro punto de partida de la creación más que la autocontemplación del Espíritu Divino, y la secuencia lógica de esto nos lleva al resultado final del Proceso Creativo en la declaración de que "Si alguien está en Cristo, es una nueva criatura" o como aparece al margen "una nueva creación" (2 Corintios 5: 17). Tales filosofías vanas tienen solo un resultado lógico, que es ponerse en el lugar de Dios y, entonces, ¿qué tienes para apoyarte en la hora de prueba? Es como tratar de subir una escalera que no está apoyada contra nada. Por eso, el apóstol Pablo dice: "Cuídense que nadie los engañe por medio de su filosofía y vanas sutilezas, según la tradición de los hombres, conforme a los principios del mundo y no según Cristo" (Colosenses 2: 8). La enseñanza de la Biblia es una filosofía sólida, un razonamiento sólido y una ciencia sólida porque comienza con las sólidas premisas de que toda la Creación procede de Dios y que el ser humano está hecho a imagen y semejanza de su Creador. En ninguna parte se separa de la Ley de Causa y Efecto, y por la secuencia ordenada de esta ley nos lleva finalmente a la Nueva Creación, tanto en nosotros mismos como en nuestro entorno, para que encontremos la finalización del Proceso Creativo en la declaración "El tabernáculo de Dios está con los hombres" (Revelaciones 21:3), y en la promesa "Este es el Pacto que haré con ellos después de aquellos días (es decir, los días de nuestra imperfecta comprensión de estas cosas) dice el Señor: Pondré mis leyes en su corazón y las escribiré en sus mentes. Habitaré en ellos y andaré entre ellos, y yo seré su Dios y ellos serán mi pueblo. Y nunca más me acordaré de sus pecados y transgresiones" (Hebreos 10: 16; 2 Corintios 6: 16; Jeremías 31: 33).

Bacon ciertamente dice:

Un poco de filosofía inclina la mente del individuo al ateísmo, pero profundizar en la filosofía lleva la mente del individuo a la religión.

Sabiduría de Ayer, para los Tiempos de Hoy

www.wisdomcollection.com

Made in United States
Orlando, FL
10 March 2025